AF603279

PLAIDOYE'

DE Mᴱ PIERRE DE LA MARTELIERE, ADVOCAT

en la Cour, fait en Parlement, assisté de Mes. Antoine Loisel, Denis Boutillier, Omer Tallon anciens Aduocats, les grand Chambre, Tournelle, & de l'Edict assemblees les dix septiesme & dixneufiesme Decembre, mil six cens vnze.

POVR LE RECTEVR ET VNIVERSITÉ DE PARIS, deffendeurs & opposans.

Contre les Iesuites Demandeurs, & requerans l'entherinement des lettres patentes par eux obtenuës, de pouuoir lire & enseigner en ladite Vniuersité.

A PARIS,
Chez IEAN PETIT-PAS, ruë sainct Iaques à l'Escu de Venise.

M. DC. XI.
AVEC PERMISSION.

ARREST INTERuenu ſur la plaidoirie.

A Cour ſur l'enterinement des lettres, appoincte les parties au conſeil, corrigeront leurs plaidoyez & adiouſteront tout ce que bon leur ſemblera dans huictaine, produiront, bailleront contredits & ſaluations dans le temps de l'ordonnance, & à ouyr droict, ordonne que le Prouincial & ceux de ſa compagnie demandeurs qui l'aſsiſtent à l'audience ſoubſcriront preſentement la ſubmiſsion faicte par leur Prouincial d'eux conformer à la doctrine de l'Eſchole de Sorbonne, meſmes en ce qui concerne la conſeruation de la perſonne ſacree des Roys, manuten-

tion de leur authorité Royalle, & libertez de l'Eglise Gallicane de tout temps & antienneté gardees & obseruees en ce Royaume, pour le tout veu & communiqué au Procureur general du Roy, & ioinct à l'oppoincté au conseil, faire droict aux parties. Cependant a faict & faict inhibitions & deffenses aux demandeurs de rien innouer, faire & entreprendre contre & au preiudice des lettres de leur restablissement, & de l'arrest de verification d'icelles, s'entremettre par eux ou personnes interposees de l'instruction de la ieunesse en ceste ville de Paris en quelque façon que ce soit, & d'y faire aucun exercice & function de scholarité, à peine de deschéance du restablissement qui leur a esté accordé, despens reseruez. Faict en Parlement le xxij. Decembre mil six cens vnze.

DE PAR MONSIEVR
le Lieutenant Ciuil.

DEFFENCES sont faites à tous Imprimeurs d'imprimer le Plaidoyé de Monsieur de la Marteliere Aduocat au Parlement pour l'Vniuersité de Paris, contre les Iesuites, autre que Iean Petit-pas Imprimeur, sans le consentement par escrit dudit sieur de la Marteliere, à peine contre tous Imprimeurs d'amende & de prison. Fait ce dix-huictiesme Ianuier, mil six cens douze.

Signé, LE IAY.

APRES QVE MONTHOLON Aduocat des demandeurs eut requis l'entherinement des lettres par eux obtenuës, nonobstant l'opposition formee par l'Vniuersité.

DE LA MARTELIERE *pour l'Vniuersité de Paris a dict.*

MESSIEVRS,

L'histoire nous apprend, qu'apres la bataille de Cannes, en laquelle les Romains receurent la plus grande perte qui leur fust iamais aduenuë, quarante mille citoyens, le Chef de l'armee auec quatre-vingts personnes signalees du Senat tuez sur la place, le reste de leurs troupes ou pris ou dissipé, l'ennemi victorieux & triomphant aux portes da la ville, le nom de ceste magnanime Republique à peu pres reduit à neant; ceux de Capouë qui auoiẽt tousiours nourry vne mauuaise volonté perdans le respect de l'obeissance deuë à l'Empire, sans ressentiment des obligations dont ils estoient tenus enuers le peuple Romain, sur le poinct d'vne telle occasion estimerent se pouuoir faire seigneurs de l Italie, tellement qu'au lieu de cõtribuer aux necessitez de l'Estat de Rome, offrir le secours dont ils estoient requis, demanderẽt participer aux premieres dignitez, & que l'honneur de la Republique fut diuisé entr'eux, & les Romains. Apres la perte de nostre grand Roy, la personne duquel nous deuoit estre plus chere que sa Monarchie, vous auez veu les Iesuites au lieu de cõpassion, s'accroissans du mal-heur commun de la France, sans donner loisir que les affaires domestiques de l'Estat fussent arangees, trauailler à bon escient, & ne point perdre tẽps à l'establissement entier de leur authorité: Ie ne dy pas vouloir partager les grãdes charges, mais par le moyen des ostages qu'ils ont demandé de tous vos enfans, venir au pouuoir de les distribuer absolument, regner à leur aise, comme ils se sont promis.

La suite de l'histoire de ce peuple genereux adiouste, qu'à l'ouuerture qui fut faicte d'vne telle proposition, l'affliction des Romains fut à l'instant conuertie en vne indignation extreme contre tels ingrats, qu'ils sçeurent accompagner de la resolution digne de leur courage. Ie la representeray aux mesmes termes : *Indignatione orta, submoueri à Curia iussos esse, missúmque lictorem, qui ex Vrbe educeret eos, atque eo die manere extra fines Romanos iuberet.* Si Dieu auoit donné à nostre pauure nation autant de prudence & de fermeté, que de bonté & de facilité, que les yeux de nostre entendement fussent aussi clairs-voyans que ceux du corps, l'exemple de la resolution des plus prudens que le Soleil vit iamais, eut peu seruir de guide en ceste occurrẽce, qui ne nous est pas moins importante. Et comme ce sage conseil fust bien tost suyui de bon succes, l'ennemy diuertissant son entreprise contre le siege de l'Empire, pour receuoir les affections des Capoüans, donna temps aux Romains de prendre haleine, & faire veoir leur grãdeur plus redoutable que iamais: le mesme remede nous garentiroit indubitablement des troubles & diuisions qu'ils sement parmy nous, ausquels les ennemis de la France prennent beaucoup plus d'asseurance qu'en toute leur force. Mais helas! instruits par tant de nos propres dommages de leurs desseins à present passez, & continuez iusques à la quatriesme generatiõ, serons nous point touchez d'vne viue apprehension, qu'à ceste fois ils nous emportent, de nous veoir les derniers François, pour ne viure iamais en repos, que la condition, la vie de nos Rois, de nos Princes, la nostre, celle de nostre posterité ne soit plus asseuree?

C'est la troisiesme fois, que l'Vniuersité de Paris, fille aisnee des Rois treschrestiens, a esté reduite à ceste necessité par l'entreprise des Iesuites: en la premiere proche de leur naissance, on n'ouit retentir en ce lieu que des propheties de leur intention, qu'ils vouloient confondre tout ordre politique, deprauer les loix diuines & humaines, que des presages de la desolation des lettres, de la ruine de la plus grande & fameuse Vniuersité qui ait esté sur la terre: bien que cela fut annoncé par la bouche des plus grãds personnages, dont la memoire nous sera pour iamais venerable, toutefois il fut mal-aisé de persuader ce qui n'a esté que trop veritable, lors que la dignité royale estoit en estat si asseuré qu'il sembloit qu'ō ne deuoit iamais craindre aucune mutation. D'ailleurs la Religion Catholique accoustumee à ne proposer qu'amitié, foy, & concorde inuiolable, faisoit mescroire qu'en l'Eglise qui auoit fleury par tant de siecles, sans s'estre seruie de trouble, on peut sur sa vieillesse introduire ceste iurisprudence nouuelle, qui luy fait tāt de mal, & rend ses remedes plus dangereux que le tourment.

Comme il est mal-aisé que les enonciations prophetiques soiēt frustrees de leur effect, ces predictions ont esté authorisees par les euenemens, tellement qu'eux agissans en mesme temps sur deux cōtraires, ils ont rechauffé ce qu'il y auoit de mauuaise disposition en nos entrailles, autant le froid que le chaud, & durant trente annees agité la France d'vne telle furie, qu'ō a recogneu, mais bien tard, que nous ayās fait perdre la fidelité, le deuoir & la charité, nous estions hors d'esperance de salut, si celuy que Dieu a voulu estre Medecin de nos peines, n'eut par son baume d'amitié & de reconciliation, leniment tresdoux & tres vtile à nos afflictions, ramené noſtre repos. L'Vniuerſité ne manqua lors de donner le ſignal, & d'aduertir des cauſes de ces mutations, ce qui en fut dignement & veritablement repreſenté, feiſt voir au doigt & à l'œil le ſubiect d'vne ſi grande inflammation, & d'vne fieure ſi continuelle.

L'Vniuerſité de Paris mortellement outree, ne ſongeoit qu'à ſa douleur, taſchoit par vn eternel ſouuenir immortaliſer le merite de ſon bien-faicteur, il n'y auoit temple ne lieu public de ce grand Paris qu'elle ne remplit de larmes, de ſaincts offices, de diſcours funebres à ſon honneur, le temps ne ſuffiſoit pas pour raconter les guerres, les trauaux, les conſeils de ſon Roy, duquel l'honneur ne ſe peut amoindrir ny accroiſtre : quand les Ieſuites enflez d'eſperance & de courage, eſleuent ce grand Nouitiat aux faux-bourgs ſainct Germain, pour lequel deſſeignant vn tel circuit, ils ne diſſimulent point qu'ils ne veulent plus faillir la proye qu'ils ont tant pourſuiuie, rebaſtiſſent & augmentent leurs citadelles, à meſme temps denoncent la guerre à l'Vniuerſité ſous la faueur de lettres par eux obtenues par importunité au mois d'Aouſt de l'annee mil six cens dix, demandent d'auoir l'instruction de la ieunesse, pouuoir ouurir leurs maisons, & faire lecture en toutes sortes de sciences: au lieu que l'an precedent ils auoient requis qu'il leur fust permis de lire en Theologie seulement: à quoy l'Vniuersité s'estant déslors opposee, ils retirerent leurs lettres craignant qu'en telle saison, on ne vint à descouurir les grands inconueniens de leur poursuitte & de leur institution.

Leurs dernieres furent presentees à la Cour le vingt troisiesme du mesme mois d'Aoust, comme il n'y a artifice quelconque dont ils n'ayent la practique en la main, plus de trois semaines auparauant, ils auoient fait des brigues parmy les facultez de l'Vniuersité, mesmes se vantoiét des consentemens de quelques particuliers, qui de tout temps leur auoient gardé de bonnes pensees, publioyent leur victoire sans rẽcontre d'aucune resistance, pressoient à toute force l'entherinement de leurs lettres: la Cour neantmoins ordonna qu'elles seroient communiquees au Recteur & à l'Vniuersité. Ce qu'ayant esté fait, & le corps d'icelle assemblé, on ne veid iamais paroistre plus de resolution à la defence de sa liberté, voire iusques à toute extremité, & n'y a eu que trois, dont la faculté de decret est composee, qui luy ayent manqué à ce besoin, comme si le sang qu'ils ont maintenant dans les veines procedoit de quelque autre nourriture, & qu'ils se fussent habituez à quelque affection estrangere : neantmoins obligez de prendre loy du surplus qui se trouue en plus grand nombre, voire cent cõtre vn, l'oppositiõ a esté formee & receuë en ce Parlement, sous le nom du Recteur & de l'Vniuersité en general. La Cour m'ayant fait cest honneur de me nõmer Aduocat de l'Vniuersité, i'ay beny cent fois ce iour, qui me sera pour iamais aussi cher que celuy de ma vie, auquel mõ peu de labeur & de merite ont trouué vne si grande recompense par vostre iugement, que ie puisse rendre à ma patrie, à laquelle ie dois le bon-heur de ma naissance, à l'Vniuersité, à laquelle ie suis tenu de mon institution, ce tesmoignage d'office & de deuoir, que conté par la posterité au nõbre de ceux ausquels ceste deffence est escheuë en son temps,

Me quoque principibus permistum agnoscat Achiuis.

Nostre

Nostre plaidoirie termee au lendemain S. Martin du Parlemẽt passé, nos aduersaires disparurent, comme vn feu dans la nuë, laissant à l'Vniuersité le regret extreme d'estre frustrez du combat honorable & legitime, auquel elle auoit esté excitée par la iustice de sa cause, & par la force de la necessité.

Plorauere suis non respondere fauorem
Speratum meritis.

Au temps que l'Vniuersité s'imaginoit quelque relasche, que les Iesuites promettoient haut & clair qu'ils n'entreprendroient plus rien, qu'ils se contiendroiẽt, nous sentons & recognoissons, qu'ils nous oppriment, que le mal qui n'estoit aduenu auiourd'huy ne se pouuoit euiter demain : bref mesprisant l'authorité du Roy, qui a voulu faire dependre le iugement de leurs lettres de vostre verification, celle de la Cour laquelle auoit ordonné qu'auparauant l'Vniuersité seroit ouye sur son opposition : Nous voyons qu'ils s'establissent d'eux mesmes, instruisent les escholiers dans le College de Clermont, font toutes functions scholastiques, & par leurs artifices ingenieux, nous veulent faire payer l'interest du peu de bon temps, comme disoit la preuoyāte chauue-souris d'Athenes, durāt lequel nous auons veu croistre le chanure, que nous auions laissé semer.

Comme l'Vniuersité a tesmoigné encores ceste fois à toute la terre par son obeissance, qu'elle auoit voulu dormir, remettant le meilleur de son interest au benefice du temps, elle ne peut croire que maintenant personne au monde puisse trouuer estrange, qu'elle ne vueille pas mourir, & puisque sa paix au dedans depend de faire la guerre iour & nuit au dehors, qu'autre lenitif ne peut estre appliqué à sa douleur, il luy a esté necessaire renoueler l'instante poursuite de ceste audience, d'adiouster vne requeste pour reparer l'entreprise nouuelle. A quoy ayant trouué la Cour si bien disposee, elle a subiet de se promettre sur le tout l'euenement aussi prompt, qu'heureux & fauorable.

Et parce Messieurs, qu'en mon particulier ie recognois mes forces disproportionnees d'vne si pesante charge, voire me confesse ingenuemēt le moindre de ceux de ma profession, qui s'en pouuoient dignement acquiter, fauorisez ie vous supplie de vostre benigne audience celuy qui parle par vostre commandement, mais plustost la cause la plus importante qui ait esté plaidee de nostre memoire, de celle de nos peres, voire de nostre France, l'issüe de laquelle conseruera nos loix auec la douceur de nostre liberté, ou nous fera voir nostre ruine, sans plus d'esperance ny de remede, laquelle ie desduiray le plus succinctement que ie pourray, auec tant de verité & de douceur, que i'espere ne laisser aucun subiet d'accuser que les mauuaises volontez & les ruses des Iesuites, ausquelles l'Vniuersité en toute sincerité se contente d'opposer vne prudence vrayement Chrestienne.

L'Vniuersité de Paris a esté de tout tẽps recommandee de singuliere deuotion & erudition, par le moyen de laquelle plusieurs heresies & des peuples esloignez, ont esté conuaincues, les Docteurs d'icelle tellement insisté aux voyes du sainct Esprit en l'Eglise Catholique, que sur la reputation de ceste probité, il y a eu des heretiques qui les ont agreés Iuges, & selon leur aduis passé condemnation de leurs erreurs, à l'exemple de ce que les Donatistes d'Afrique, bien que superbes & difficiles, au ſubiect de la cauſe d'vn *Cæcilianus*, en la requeſte qu'ils preſenterent à l'Empereur Conſtantin, demanderent que les Iuges qui leur ſeroient donnez fuſſent des Gaules. Et a eſté eſcrit à ſon honneur par *Vernerus in Faſciculo temporum*, que la doctrine quittant la Grece eſtoit venuë à Rome, & de là faire ſeiour à Paris ſous les auſpices de Charlemagne fondateur il y a ſept cens ans, & que la lumiere des lettres eſteinte par quelques ſiecles auoit repris ſa clarté en l'Vniuerſité de Paris: les Papes Celeſtin, & Innocent troiſieſme en leurs epiſtres decretales ont laiſſé à la benediction perpetuelle de ceſte Vniuerſité, qu'elle auoit peuplé la pluſpart des Eueſchez de la Chreſtienté, & auparauant eux Eugene troiſieſme prenant cognoiſſance de l'erreur de Gilbert Porretan Eueſque de Poictiers, n'y voulut rien prononcer ſans l'aduis de l'Vniuerſité de Paris pour la multitude des hommes ſçauans, dont elle eſtoit remplie, dit *Ottho Friſingenſis* hiſtorien de merite: & de faict, ceſt Eueſque ſuccomba aux diſputes de M^e. Adam de petit Pont, grand Docteur de noſtre Vniuerſité.

Adiouſtans inceſſamment à ceſte recommandation, les Papes Honoré III. Innocent V. Vrban VI. ont dict, que l'Vniuersité de Paris estoit comme la source non tarissable, dont les fleuues de science arrousoient continuellement l'Eglise de Dieu, l'instruction de toute la Chrestienté. Et y a cinq cens ans que l'Vniuersité de Paris se glorifie de ce haut eloge d'honneur, qui l'esleue par dessus toutes les Escholes du monde, *Studium Parisiense fundamentum Ecclesiæ.* Quel plus honorable tesmoignage, que ce qui se lit dans les registres de l'Vniuersité, qu'en l'an mil trois cens soixante dixhuict l'Eglise estant affligee d'vn tres-grand schisme, le sacré college des Cardinaux, *Apostolica Sede vacante*, conuia solennellement l'Vniuersité de Paris de contribuer au bien de l'Eglise, pour la guarantir d'intrusion?

Et en l'an mil quatre cents dix, vn autre schisme ayant donné subiect de conuoquer le Concile de Constance, les Docteurs de l'Vniuersité de Paris, & entre autres Mᵉ Iean Gerson, qui en estoit Chancelier, nommé Docteur tres-Chrestien, à l'honneur du Roy tres-Chrestien, qui l'auoit enuoyé, firēt cognoistre par leur doctrine, que l'Vniuersité de Paris estoit mere & nourrice de toute bonne & saincte institution, auoit conserué la pureté de la Theologie, maintenu la dignité Episcopale, s'estoit tousiours opposee aux doctrines estrangeres, aux nouueautez, & superstitions. Ce qui a faict conceuoir vne si grande veneration de l'Vniuersité de Paris, que de tous les endroits de l'Europe, mesmes de la Cour de Rome on a recherché ses aduis & resolutions preferees à toutes celles des autres Escholes. Bref, à la louange de l'Eglise Catholique soit il dit, l'Vniuersité de Paris a fait florir l'Eglise Gallicane par dessus toutes les Eglises particulieres du monde : en signe dequoy les Papes Clement VI. & Pius II. voulurent notifier solemnellement leurs eslections à l'Vniuersité de Paris, & le dernier de ces deux tesmoigna qu'à la poursuitte & de l'authorité de l'Vniuersité de Paris, il auoit esté porté à la deffence du Concile de Basle.

Aussi pouuons nous dire que l'arbre de ceste doctrine, planté de si longue main a produit de si bon fruict, qu'il n'y a personne qui ait frequenté les nations estrãgeres, qui ne die que la deuotion de la France & principalement de la ville de

Paris surpasse celles de tous les autres peuples, peut estre plus exterieure, mais differente de la nostre, quasi comme la peinture de la verité.

Comme l'Vniuersité de Paris a esté sainctement deuotieuse, elle n'a iamais manqué de respect & obeissance enuers nos Rois ses protecteurs, & de tout son pouuoir a conserué les droits royaux, cõtre les vsurpations. Nos histoires iustifient que l'Vniuersité s'est tousiours courageusement opposee aux entreprises sur la puissance des Roys, aux abus qui se commetoient contre les saincts decrets, & constitutions des Conciles, a tenu grãd lieu aux assemblees de l'Eglise Gallicane, pour maintenir les libertez d'icelle, tesmoin l'appel interiecté par l'Vniuersité de Paris, & releué en cette Cour contre le Pape Benedict vnziesme, qui voulut leuer des decimes sur le Clergé de France: d'où l'on prist occasiõ au libelle diffamatoire, qui fut lors publié contre le Roy & le Clergé de son Royaume, de s'attacher particulieremẽt à l'Vniuersité, lequel appel la mesme Vniuersité reitera du temps du Roy Louys vnziesme, des bulles decernees d'vn benefice electif. A ce méme ſubiect voyons nous tant d'oppoſitions formees par l'Vniuerſité de Paris, aux pouuoirs & facultez des Legats enuoyez en France, comme du Cardinal de Sainct Pierre *ad vincula*, du Cardinal Ballue, où l'Vniuerſité interpella Monſieur le Procureur general nommé lors de ſainct Romain de l'aſſiſter, ce qui a faict eſcrire à vn ancien Roman, que l'Vniuerſité de Paris eſtoit la clef de noſtre Chreſtienté, treſ-ſoigneuſe promotrice des droits de l'Egliſe Gallicane.

Auſſi nos Rois l'ont vniquement cherie, & ſe lit qu'elle accõpagna le Roy retournant en triomphe de la bataille de Bouines, & vne choſe tres-ſinguliere, que le Roy Philipes le Long, ayant aſſemblé les Eſtats de ſon Royaume & l'Vniuerſité: tous les autres preſterent ſermẽt de fidelité au Roy, comme ſouuerain, l'Vniuerſité ſeule ne iura point, ainſi qu'a remarqué monſieur Guimier en la Preface de la Pragmaticque ſanction, parce que de ſon inſtruction nous aprenons à reſpirer auec l'air de la France, la fidelité enuers noſtre Prince, & l'amour enuers noſtre patrie: & qui ne ſçait la louange que remporta l'Vniuerſité de Paris, par

par la bouche mesme du Pape Pius secundus ayant apris du Cardinal Bessarion qu'elle auoit empesché que ses eschollìers fussent enrollez aux troupes de ceux qui auoient pour pretexte le bien public. En ceste consideration, monsieur l'Aduocat du Roy Dumesnil, duquel la memoire ne peut iamais mourir, playdant en ce Parlement sur ce mesme subiect, a dict que l'Vniuersité de Paris estoit receuë à playder en cette Cour, en ses causes particulieres concernans ses priuileges, mais aussi aux causes concernans l'Estat public de ce Royaume.

L'Vniuersité de Paris est composee de quatre facultez : la premiere est la faculté de Theologie, qui a le prix & l'aduantage sur toutes les autres: c'est ceste science qui traicte des choses eternelles, qui esleue l'homme par esprit iusques aux cieux, qui enseigne le salut du genre humain, la reunion de la creature auec son createur: à l'estude de la faculté de Theologie de Paris, est donnee l'inuention parfaicte & diuine de la Theologie Scholasticque, tenuë en l'Eglise Catholicque Apostolique & Romaine, la reigle infaillible par laquelle on peut bien iuger des mysteres

de la foy & de la religion : le subiect d'admiration de la grande erudition de ceste eschollе. La seconde faculté est de ceux qui traictent de la Iurisprudence, qui doibuent monstrer ce qu'Aristote dict estre de plus diuin entre les hommes, donner bon conseil aux affaires, & reglemens aux polices. La troisiesme des Medecins, qui ont soing de la santé du corps. La derniere des Arts qui enseigne les thresors des lettres humaines, des langues, & de la Philosophie. Que si nostre Theologie a eu l'honneur de la pureté, la Iurisprudence de n'estre poinct esgallee, la Medecine de surpasser toutes les autres, la derniere qui est comme la semence & pepiniere des precedentes a ce tesmoignage des plus diserts Italiens de nostre aage, qui confessent auoir apris des Maistres de l'Vniuersité de Paris, la pureté de la langue Latine, & des autres langues, comme encores auiourd'huy elle ne se peut trouuer ailleurs.

Tout ainsi que l'estat de l'Eglise vniuerselle est seculier, de mesme l'Vniuersité de Paris est seculiere. Le Recteur, Chancellier, Doyen, Syndics, Censeurs des quatre facultez, Procureurs des quatre nations, Supposts, Maistres & Docteurs sont seculiers. Les reguliers comme les Iesuites n'y ont iamais esté admis, que par grace & par adoption, sous double condition, l'vne d'estre perpetuellement exclus des charges & dignitez sans y pouuoir participer, l'autre de ne pouuoir tenir escholes publiques, ains simplement enseigner en particulier ceux de leur ordre, comme il est rapporté en la premiere addition des Capitulaires de Charlemaigne chap. 47. *Vt scholæ in monasterio non habeantur, nisi eorum qui oblati sunt.*

Ce sont les loix premieres & supremes de la police de l'Vniuersité, subiecte au magistrat politicque & ecclesiastique, c'est à dire aux loix & equité de l'Estat, reçoit ses reformations des ordonnances Royalles, selon les temps & saisons, mouuemens & necessitez du royaume : où les Reguliers dependent & s'attachent à la regle de leur ordre, qu'ils apprennent de leurs superieurs religieux comme eux, ausquels par leur veu ils sont obligez d'obeir, & les Iesuites plus que tous les autres puis qu'ils recognoissent en toutes choses leur General pour Iesus-Christ present. Tant s'en faut qu'ils voulussent receuoir reformation en leurs mœurs, en leur regle, ou police, du Magiſtrat, ou des Eueſques, qu'ils ne recognoiſſent aucunement, & du pouuoir deſquels ils ſe tiennent entierement ſouſtraits.

Ce fut le ſubiect pour lequel autresfois l'Vniuerſité de Paris s'oppoſa à ſemblable entrepriſe des Iacobins, qui vouloient tenir eſcholle publicque, vantoient leur grande doctrine, & les ſeruices ſignalez que leur Ordre auoit faict à l'Egliſe Catholique : neantmoins les premiers qui eſtoient lors en l'Egliſe, non preuenus d'aucun intereſt ou deſſeing particulier, craignans la confuſion des deux corps du tout ſeparez, l'vn ſeculier, l'autre regulier, deſmeurent ces religieux reguliers de leur pourſuite, & les magiſtrats qui aprehendoient que l'Vniuerſité ſe transformaſt en vn eſtat regulier, les empeſcherent.

Et de faict, quel euſt peu eſtre le deſſeing plus ordinaire de religieux accouſtumez à la plus grande ſimplicité & modeſtie, ſinon par leur exemple, & leur inſtruction, reduire les hommes à la perfection de leur regle, faire des religieux & des moines comme eux, ainſi peu à peu on euſt veu l'ordre hierarchique de l'Egliſe s'aſſuietir & dependre d'vn ordre regulier, & la republicque priuee & deſtituee de ſes citoyens, ſon ſeruice abandonné, les charges de l'eſtat deſertes, ou remplies de ceux que l'ordre ou la religion, apres ſon choix, auroit trouué les moins capables.

Qu'ainſi ne ſoit pour cette occaſion le Cardinal Borromee duquel la ſouuenance eſt venerable, oſta la cōduitte des Colleges par luy eſtablis en l'Archeueſché de Milan, à ceux de la ſocieté des Ieſuites, diſant que l'Egliſe auoit plus beſoing de paſteurs, que de religieux. En Eſpagne meſmes ils n'ont peu obtenir d'auoir eſchole publicque, faire lecture à autres qu'à ceux de leur maiſon, en l'Vniuerſité de Salamanque ou en celle d'Alcala de Henares qui ſont les deux principalles du pays, au contraire l'ayant tenté ſur vn ſubiect qui leur eſtoit apertement fauorable, ils n'ont point eſté admis. En l'an 1563. le Roy Philippes d'Eſpagne voulant eſtablir vn Seminaire à Salamanque pour l'eſtude des Anglois & Irlandois refugiez, les Ieſuites en rechercherent l'intendance, & eurent prouiſion & permiſſion à cette fin, tant ſur la conſideration de la cognoiſſance qu'ils auoient de la langue, & des mœurs de ceux qu'il falloit inſtruire, que pour quelque autre plus grand effect, que auſſi à la recommendation du Duc de Medina Cidonia, qu'ils interpoſerent: neantmoins ſur l'oppoſition de l'Vniuerſité de Salamanque, ils en furent deboutez, ſans que le ſeruice que reçoit l'Eſpagne des Ieſuites peuſt vaincre la protection deuë aux loix, & à la police de cette Vniuerſité: & la plainte des Anglois n'eſt point ſecrette, de ce qu'ayans les Ieſuites la conduite des ſeminaires eſtablis en Flandres, par leur faueur il attirent, & rauiſſent les plus beaux eſprits de leur nation; & durant le temps qu'ils ont aſſiegé noſtre Vniuerſité, n'auons nous pas reſenty les meſmes pertes douloureuſes à pluſieurs grandes familles du Royaume, preiudiciables à l'Eſtat?

Chacun ſçait comme les Ieſuites venus en France ſous la recommendation du Pape Paul IIII. de la maiſon des Carafes n'y peurent eſtre receus, ny ſe faire approuuer par l'Egliſe Gallicane, comme encores auiourd'huy ils ne le ſont point, deſlors eurent tous les Eccleſiaſtiques du Royaume tref-contraires : en l'an 1563. ils s'adresserent à l'assemblee conuoquee à Poissi, sous le regne du Roy Charles IX. apres auoir mandié la faueur de messieurs les Cardinaux de Lorraine, & de Tournon, personnages de grand pouuoir, comme ils ne manquent point à dextrement recercher ceux qui sont en credit & authorité, & dissimulans les qualitez & degrez de leur vœu, cacherent le secret de leur regle, tellement qu'ayant demandé d'estre receus comme simples escholiers, il leur fut accordé par acte de cette assemblee, homologué en la Cour, le seul & vnique titre de leur introduction en France.

On pensa beaucoup faire lors, & pouruoir seurement aux inconueniens de cette nouueauté, leur imposant des conditions de changer leur nom, & leur titre, de se submettre absoluement, comme les autres Ecclesiastiques, à la iurisdiction & correction de l'Euesque, les obliger precisément à renoncer par expres & au prealable, aux priuileges mentionnez par leurs Bulles sans en pouuoir obtenir d'autres, à peine de decheance de la grace qui leur estoit accordee. Mais cela ne peut seruir qu'à fortifier leur resolution, & leur donner esperance du surplus : car sans autre adueu ny authorité ils s'establirent en l'Vniuersité, au preiudice de l'opposition plaidee, appointee au Conseil, non encores vuidee, & y ont demeuré iusques à l'Edict, & aux Arrests de l'an 1595. par lesquels ils furent chassez & bannis du Royaume.

Par les Lettres de restablissement qu'ils ont obtenuës, & lesquelles ont esté verifiees en cette Cour au commencement de l'an six cens quatre, il est dict entre autres choses, qu'ils ne pourront dresser aucun College ny residence en autre ville, ny endroit du Royaume, que ceux ausquels ils estoient establis lors des Lettres, designez par icelles, sans expresse permission du Roy, & particulierement au ressort de ce Parlement, fors & reserué és villes de Lyon, & la Fleche. A quoy n'ayans voulu si promptement contreuenir, ny attaquer à descouuert l'Vniuersité de Paris, qu'ils sçauent estre en la protection particuliere de ce grand Parlement, duquel plus la Iustice est claire, moins ils l'osent regarder, ils ont circonuenu

uenu la legereté accouſtumee, ou l'imprudence des plus ſimples, ſur le pied de laquelle ils baſtiſſent leurs plus fermes deſſeins, & par l'eſtabliſſement de quarante vn ou deux Colleges qu'ils ont és villes de ce Royaume, au lieu de douze ou quatorze qu'ils y auoient euz, ſe ſont imaginez, que coupant & diuertiſſant les ruiſſeaux qui decoulent en ce grand fleuue, ils le mettroient à ſec. Et n'y a point de doute, que l'Vniuerſité de Paris n'en ait reſſenty vne grande diminution, & auoient conceu vne telle opinion de ſucces, qu'ils publioient deſia qu'ils eſtoient recognus pour ce qu'ils valoient, qu'on les iugeoit neceſſaires, que l'Vniuerſité les recherchoit, leur faiſoit offrir les Colleges du Pleſſis, du Mans, & des Cholets, pour ioindre à celuy de Clermont; diſoient en l'oreille, que la ville de Paris feroit tant qu'ils auroient le College de Nauarre, ou qu'il leur en feroit baſty vn de pareille capacité.

Mais Dieu a voulu, que la fumee de ces oſtentations n'a faict mal qu'aux yeux des Ieſuites, & que le fruict & le contentement de leur vengeance n'a pas eſté ſi certain, qu'ils s'eſtoient promis: car ils confessent que l'Vniuersité subsistant, sans qu'ils y soient admis ny receus, leurs autres Colleges ne se peuuent conseruer, & leurs desseins en l'instruction de la ieunesse à peu pres inutiles, & sans effect : à quoy comme ils s'excitent par la consideration du gouuernement & de la grandeur, à laquelle ils aspirent, ne pouuans estre retenus par la force des loix de nostre Vniuersité, l'authorité de vos Arrests, des conditions de leur restablissement, nous sommes contraints de descouurir vn des mysteres de leur ambition.

Encores que les Iesuites fassent grand tort aux lettres, retranchent & diuersifient les anciens autheurs, qu'ils ignorent le secret des langues, voire qu'aux Colleges où ils estiment estre establis à demeurer, comme en Italie, & en Sauoye, les mesprisent du tout, & ne lisent plus que les liures composez par ceux de leur societé, si est-ce toutesfois que l'honneur de la literature est de grand nom, qu'ils ne peuuent iamais vsurper ny ioindre à leurs trophees, tant que l'Vniuersité viura sans Iesuites. Ammian Marcellin a escript que c'estoit assez aux Medecins de son temps pour la recommendation de leur sçauoir, d'auoir estudié en Alexandrie, auſſi eſt-ce adiouſter au merite de quelque docte que ce ſoit, que d'auoir eſtudié à Paris : les eſtrangers nous le font veoir à l'œil, quand pour le bruict de leurs eſcholles, ils ont recherché les alliances de l'Vniuerſité de Paris comme celle de Pauie s'eſt dicte ſa fille ainſi que *Crantzius* a eſcript, celle de Milan ſa ſœur comme teſmoigne Paule Ioue en la vie de l'vn des Galeaces.

Outre cette reputation grandement importante, laquelle leur peut donner ou oſter le choix des beaux eſprits, ils ne peuuent meſnager l'inſtruction de la ieuneſſe à leur volonté ſi bien ailleurs qu'à Paris, le ſiege de l'Empire, le ſeiour de la Royauté, où ſont les yeux de la France, la ſeance des grandes Compagnies ſouueraines, hors Paris on n'eſt pas bien ciuiliſé, hors Paris peu d'inſtruction d'affaires, ailleurs le train regulier du monde n'eſt pas cogneu. Bref c'eſt le cerueau du corps de ceſt Eſtat, s'ils n'occupent cette partie leur eſperance n'eſt que demie.

Premierement parce qu'employans pour l'inſtruction de la ieuneſſe des autres villes perſonnes peut entendues, qui auroient plus grand beſoing d'eſtre inſtruicts que d'enſeigner , contraincts de garder ce qu'ils ont de plus habile pour ſeruir ſur la monſtre , non ſeulement les enfans ne profitent point, mais eux meſmes n'y peuuent ſatisfaire. Tellement que ceſſant l'aſſeurãce qu'ils donnent de leurs lectures, l'Vniuerſité ſeroit remplie comme elle commence des eſcholiers qu'ils retiennent à toute peine.

En ſecond lieu inſtruiſans la ieuneſſe hors de Paris, beaucoup & le plus ſouuẽt des meilleurs leur eſchappent ſortans de leurs mains, lors qu'auec plus de cognoiſſance le iugement s'augmente, ſont diuertis par inſtruction contraire à la leur, tellement que leur moiſſon ne ſe faict qu'en herbe: car pour affermir leur doctrine & leur inſtitution, il faut qu'ils ayent touſiours l'œil ſur leur aprenty, qu'eux meſmes le portent & duiſent aux affaires, qu'il n'entreprenne rien ſans leur aduis, adreſſe & conduicte, qu'il leur rende raiſon de tout, ne laſchent iamais la bride qu'apres l'auoir engagé de quelque intereſt particulier : & puis ils ont de long temps experimenté que par le moyen de la nourriture des enfans de Paris, ils ſçauent le ſecret des maiſons, gouuernent les cœurs & les volontez de ceux qui leur confient ce qu'ils ont de plus cher, grande augmentation de leur pouuoir.

Vne autre raiſon bien plus grande & plus forte. Le Royaume de France a de tout temps en ſinguliere veneration le College de la Sorbonne, fondé par noſtre bon Roy ſainct Louys, honore ſes reſolutions, les conſciences ſont volontairement ſouſmiſes à leurs decrets, l'Egliſe Gallicane prend vne grande aſſiſtance de cette authorité, dautant plus legitime qu'elle eſt treſ-ancienne, venuë par tradition de nos peres iuſques à nous, accompagnee de toute ſuffiſance, doctrine & pieté: les Ieſuites auroient pleine victoire, s'ils auoient ruiné ce fort de l'Egliſe Gallicane, & de noſtre creance, ſeroient hors de crainte de veoir iamais, ny leur doctrine, ny les liures de ceux de leur ſocité cō-damnez ou controllez.

Ce n'eſt doncques pas ſecours que les Ieſuites veulent offrir à l'Vniuerſité, mais à proprement parler, trauaillent à ſa ruine, & neantmoins oſeroient ils maintenir qu'il y euſt à redire en nos Docteurs? Gamaches, du Val, le Clerc, Yſambert, Hennequin, enſeignent ſi fidellemēt, & certainement par les doctes leçons desquels l'eschole de la Sorbonne est sans cesse en exercice remplie de 500 assidus auditeurs. Pour l'instruction des Lettres humaines, il y a des personnages aussi suffisans qu'il y en eut iamais, Marsille, Morel, Bourbon, Granger, Hardiuiliers, Crassot, Du-val, Vonichet, Du-puits, Leger, Valens, Oudinet, Le-pescheur, Chise, Saumon, Belurger, le moindre desquels a plus de cognoissance & d'intelligence aux Langues, que tous les meilleurs Regents des Iesuites. Aussi n'est-ce pas l'effort de leur poursuite, il y a long temps qu'ils disent, que rien n'est bien faict s'il ne procede d'eux, rien n'est parfaict que leur vie, leur discipline, & leur regle : ils ne manquent de semences de diuisions, pour ietter parmy nous, faire courir des mesdisances toutes manifestes, comme ils commencerent en l'an 1575. ayant calomnié la foy de l'Vniuersité, touchant l'immaculee conceptiõ de la saincte Vierge, faisans entendre au sainct Pere, que la Theologie de Paris, maintenant la constitution du Concile de Basle, empeschoit seule que le Concile de Trente ne fust receu.

Et ce qu'ils pratiquent ordinairement

aux lieux où ils ſont eſtablis, doit aſſez faire iuger de leur intention, ne receuans doctrine ne inſtruction, que de ceux de leur ſocieté. Me Georges Engliſemius ayant voulu lire la Philoſophie à Roüen, Me Mathieu Geliſſemius à Doüay, faire la meſme profeſſion au ſeminaire des Anglois, ont eſté empeſchez : en la ville d'Auignon, y ayant au Conuent des peres Minimes vn excellent Theologien, qui faiſoit leçon aux Religieux de ſon Ordre, beaucoup de perſonnes emeuës de ſon erudition, frequentoient ſes leçons, ils propoſerent, & pourſuyuirent qu'autres que de la maiſon des Religieux Minimes n'y peuſt eſtre receu. Et ces iours paſſez Me Claude Berthin tres-excellent Bachelier en Theologie, ayant deſiré preſcher à la Fleche, n'y peut eſtre admis pour leur oppoſition. Auiourd'huy en toute l'Allemagne, hors le College de Cologne, il n'y a Lecteur, ny eſchole que de Ieſuites, ou Proteſtans : l'image des pernicieuſes extremitez, auſquelles ils nous veulent reduire, & deſia en France voyons nous les Vniuerſitez qu'ils ont entierement perdues, les Colleges d'ancienne fondation deſracinez, ſelon le preſage qu'en auoit faict Monſieur de Pontac Eueſque de Bazas, il y a plus de quarante cinq ans. Ne ſe ſeruent-ils pas (bien que arguee & ſoupçonnee de faux) de la Bulle qu'ils diſent auoir obtenuë du Pape Sixte V. par laquelle contre les loix & fondation de l'Vniuerſité du Pontamouſſon, confirmee par le Pape Gregoire XIII. immediat predeceſſeur la dignité du rectorat eſt atribuee aux Ieſuites, priuatiuement à tous autres, & y exercent par ce moyen vne dictature perpetuelle. Ils n'ont pas eſpargné les maiſons des Religions anciennes pour s'accommoder, comme à Bourges, ils ont voulu occuper la maiſon des Carmes, celle des Iacobins à Orleans: en Moldauie, & Valachie ils ont chaſſé tous les Religieux, & ſe ſont appropriez de ce qu'ils poſſedoient, à Lucerne chaſſé les Chartreux, en Boëme ils en euſſent faict de meſme d'autres Chartreux, & euſſent occupé leur ancien Monaſtere, ſans l'interuention de Dom Quintana Chartreux Eſpagnol, qui l'empeſcha, ne trauaillans à s'eſtablir en lieu du monde que par la ruine d'autruy.

Ils allegueront, qu'ils enſeignent pour

neant

neant, que c'est vn soulagement pour les Peres qui ont peu de moyens. Seroit-il possible que nous fussions encor seduits d'vne si mauuaise & fausse opinion, qu'apres tant de cognoissance, de lumiere à nos yeux, ceste imaginatiõ peust corrompre la verité? Les Iesuites n'ont point de Cõlleges, qui ne soyent fondez du bien de ceux qu'ils enseignent ainsi pour neant & de grand reuenu. Il est estrange, que restablis en France seulement depuis six ans, ils possedent plus de bien qu'en nulle autre part de la Chrestienté. Tant nous cherissons nostre mal, recompensans plus liberalement la peine qu'ils nous donnent, que ne font nos ennemis le seruice qu'ils en reçoiuent. En vn seul de leurs Colleges ils ont vingt mille liures de rente, & pour cent mil escus de bastimens : ils ont faict vnir des Abbayes, des Prieurez, des Benefices, faict frustrer des fondateurs, titulaires, Religieux tout en vn coup, tiré à vne seule fois quatorze mil escus de la derniere enchere des francs fiefs & nouueaux acquests, sur laquelle l'Edict fut resolu, il faut sçauoir gré à leur modestie, s'ils n'ont encores passé plus auant. Sont-ce ces Religieux de rare pieté, lesquels prierent le grand Iustinien Empereur, d'employer les liberalitez qu'il leur offroit, à la nourriture des paures, & soulagement de son peuple ? ou ces courtisans deliez, que descrit Ammiã Marcelin, lesquels pour reprocher leur seruice sans appointement, ou pour n'estre mesurez à la regle des autres, *stipendia sua manu non recipiebant, sed expansa chlamyde.*

De soixante & trois colleges qui sont en l'Vniuersité, il n'y en a vn seul, reserué le college des Grassins, où il y ait fondation ou gaiges pour les regens, la fondation de Nauarre ne porte pour tous gages que quarante liures au principal, ce n'est la recognoissance du moindre seruiteur des Iesuites : l'estude ne s'entretient que de la douceur de quelque rècompense, noz peres l'ont voulu laisser à la discretion, selon les moyens, selon la saison, y ont meslé quelque poincte d'emulation, honneste aiguillon de vertu, nulle contraincte, il n'y eut iamais pauure duquel l'excuse n'ait esté & ne soit receuë : & maintenant faudroit-il que le soulagement imaginaire de quelques petis frais nous empeschast de discerner l'vmbre d'auec les corps, nous fist reculer ou mespriser les vrayes sciences conseruees en l'Vniuersité par leur propre merite comme disoit Platon des Matematiques, chasser ces ames diuines & bié nees, ces ames de fin or, pour y faire succeder & y establir des ames de fer & de plomb?

Qu'on gratifie l'Vniuersité du tiers de cent mille escus de rente que les Iesuites possedent, tout s'y fera gratuitement, on verra florir les lettres plus qu'elles n'ont iamais fait, ou plustost qu'on reduise les fondations des colleges à ce qui est de necessaire, qu'on les mesnage à la reigle du temps, il y aura dequoy suffire: & si on veut prendre la moindre peine, il sera aussi facile d'establir le bien que de recognoistre le mal, si nous ne sommes si malheureux que de vouloir desdaigner le nostre, pour l'estranger.

Nous lisons au chap. 22. du Deuteronome, que Dieu auoit expressement defendu de planter la vigne de diuers complants, de mesler la laine & le lin en vn mesme champ de diuerses semences: la nouueauté de l'institution de la societé des Iesuites, la diuersité de leur doctrine à celle de l'Eglise & de la Theologie de noſtre eſchole, laquelle ne s'eſt eſgaree & n'a iamais ſorty hors la ligne eclipticque de la verité, encores diametrallement contraire à l'authorité monarchique, a faict que nos maieurs ont empeſché formellement que les Ieſuites fuſſent receus, que l'eſchole de Sorbonne lors fournie des plus grands & celebres Docteurs de la Chreſtienté, la pluſ-part deſquels aſſiſterent au Concile de Trente, prononça le celebre decret de l'an 1554. lequel contient vne prophetie des maux que nous auons reſſenty, les augures que Dieu pour noſtre chaſtiment a ratifiez : la neceſſité ineuitable à quoy les entrepriſes & paſſions imprudentes des Ieſuites nous engagent, le peril extreſme auquel ils reduiſent noſtre patrie, nous deſlie la langue quand nous aurions eſté muets toute noſtre vie, pour rendre encores à preſent le meſme deuoir, guidez de la lumiere de ceux auſquels pour toute grace nous deſirerions reſſembler ſoit en ſuffiſance ou en probité, ne pouuans manquer en cette occaſion à la deſcharge de nos conſciences, à l'honneur & conſeruation du public, au bien de la verité, ſi nous ne voulions eſtre eſtimez plus zelez à noſtre ruine, qu'affectionnez à nostre salut.

En quoy comme nostre intention est de prendre pour regle & mesure de cette demonstration le mesme decret de nostre eschole, que les Iesuites n'ont iamais eu le pouuoir de faire censurer à Rome, ou nostre deuotion est cogneuë, & la souuenance non encores perduë de l'empeschemēt qui fut fait là, comme icy à l'establissemēt des Iesuites, qui n'eust point esté vaincu sans la consideration de leur quatriesme vœu: Aussi commancerons nous par la mesme declaration que la Theologie de Paris fit lors, en laquelle nous desirons viure & mourir, & voudrions au bien de l'Eglise Catolicque & du Sainct siege la confirmer de nostre sang: que nous n'auons volonté d'entreprendre de pensee ny d'effect contre l'authorité des Papes tres-saints Peres. Au contraire tous en general & chascun en particulier enfans d'obeyssance, recognoissons le sainct Pere, Vicaire de nostre Seigneur Iesus-Christ, Pasteur vniuersel de son Eglise, auquel le fils de Dieu ayant donné la plenitude de puissance en icelle, on doit obeyr, venerer ses decrets & constitutions, les garder & obseruer, & comme l'Vniuersité

& l'Eschole de Paris n'a iamais eu autre creance, aussi maintenant elle la prononce de cœur & d'affection.

Auec grand subiect nostre eschole comme tous les Chrestiẽs a esté offencee, & se scandalize de l'entreprise que les Iesuites ont faite sur le sainct nom de Iesus, pour se l'attribuer en particulier, ce nom special & incommunicable, qui ne peut estre de marque ny de distinction entre les Chrestiens, mais vn nom d'effect & d'office qui n'apartient qu'au Sauueur du monde: neantmoins comme si par analogie les Iesuites pouuoient quelque chose de semblable en l'Eglise, ils veulent faire croire que leur societé est essentiellement necessaire à la religion Catholique, que sans eux elle ne peut subsister, se disent esleuz par la diuine prouidence en cès derniers temps pour regle & correction, *ad silentium tumidis magisteriis imponendum, defectus aliorũ corrigendos & supplendos*: comme a escrit Ozorius au deuxiesme sermon de la mort du pere Ignace, accommodãs à leur societé les songes & resueries de l'Abbé Ioachim, condamné par l'Eglise. En suite dequoy ils submettent tout ce qui est de l'honneur de Dieu, du bien de la religion Catholique à l'interest particulier de leur societe, reputent heretiques tous ceux qui ne suyuēt toutes leurs mauuaises opinions, & ne compatissent à leurs artifices.

C'est pourquoy Ribadenera escrit, que Ignace Loiola auoit dressé sa religion sur le defaut de toutes les autres, d'où procedoit qu'ils auoient toutes les graces, indulgences, facultez, priuileges qui se trouuoiēt auoir iamais esté concedez, *antehac concessa & concedenda*, par les bulles de Pius cinq, & Sixte cinq par preuention: tesmoignage que leur ambition n'est pas au poinct où ils en veulent deueurer. En leur institution, ils ont entierement derogé à la discipline de l'Eglise, & à toutes les anciennes constitutions canonicques: se peut dire comme le decret de la Sorbonne l'a prononcé qu'ils ont basty & esleué de la ruine de la discipline monastique: tous les Religieux lesquels depuis nostre Seigneur Iesus-Christ ont choisi vne forme de vie speciale & differente du commun des Chrestiens, ont faict des vœux immuables, pris des marques, des regles fixes, immobiles, & perpetuelles: la loy diuine veut que ce qui est dedié & consacré à Dieu par la ſanctification d'vn vœu ſolennel, demeure pour iamais aſſeuré en cet eſtat, le plus haut degré de perfection qu'on ſe puiſſe imaginer: d'où viẽt qu'aux choſes inanimees on ne peut pas faire que ce qui a eſté ſanctifié, perſeuerant en ſon integrité, ne le ſoit plus, & perde ſa ſanctification; à plus forte raiſon l'homme voüé, dedié, & conſacré à Dieu, ne peut plus eſtre ſans ce principe eſſentiel & immuable à ſon ſubiect. S. Thomas donnant la difference du vœu ſimple, & du vœu ſolennel comme eſt celuy de religion, nous aprend, que la ſolẽnité d'vn vœu conſiſte en la conſecration de celuy qui ſe vouë, *quando per certæ regulæ profeſſionem relicto ſæculo, & abdicata propria voluntate, perfectionis ſtatum aſſumit,* que tous les Theologiens tiennent ne pouuoir eſtre abandonné ne quicté ſans apoſtaſie. Les Ieſuites dés le commencement font vœu ſolẽnel entre les mains de leur ſuperieur, profeſſion ſolennelle de viure ſelon les regles de leur ſocieté, leſquelles ſont d'obeiſſance, pauureté & chaſteté: & neantmoins permettans comme ils font de changer de forme de vie, poſſeder des biens & des richeſſes, recueillir des ſucceſſions, à vn beſoin

ſoin ſe marier comme il eſt aduenu à aucuns, peruertiſſent l'effect de cette obligation infinie, & d'vn vœu treſ-ſolennel ils en font vn vœu ſimple, à fin que celuy qui a promis la reigle, & le ſurplus en conſequence, la puiſſe violer, ce qui eſt ſi eſtrange, que Nauarrus en ſon commentaire *De regularib. to.1.* a dit, *hoc eſt nouiſsimum admirabile, conceſſum præfatæ ſocietati*: S'il euſt eſté ailleurs qu'à Rome, il n'euſt manqué de dire, que cela repugnoit à tout droict diuin & canonicque. Et bien qu'il n'y ait rien de plus naturel en toutes obligatiõs voire les premieres, & plus preciſes que la reciprocité, que les peuples obligez de fidelité & obeiſſance enuers leur Prince, il ſoit auſſi tenu de protection à ſes ſubiects: Dieu meſmes ne s'eſt pas voulu exempter quand il a dit, Aſſemblez moy les peuples de la terre, afin qu'ils iugent entre mon peuple & moy, que i'aye deu faire quelque choſe, & ne l'aye pas faicte: plus encore la loy Euangelique, de douceur & de manſuetude, d'où procede qu'il n'y a Religion au monde receuant le vœu & la ſubmiſſion du Religieux, qui ne s'oblige de le garder & conseruer, mesmes au fort de ses extremitez & infirmitez : eux au contraire sans estre obligez à chose quelconque, chassent & peuuent chasser impunement, voire apres trente ans, ceux qui sont infirmes, malades, desquels ils ne se veulent ou ne se peuuent plus seruir.

Vne autre chose directement contraire à la discipline Ecclesiastique : par les bulles de Paul troisiesme de l'an 1543. de Iules troisiesme de l'an 1550. il est permis de changer toutes leurs regles, & constitutions, toutesfois & quantes qu'il plaira au General, & qu'il iugera estre expediẽt pour le bien de sa compagnie, voicy les termes, *Et tam hactenus factas, quam in posterum faciendas constitutiones ipsas, iuxta locorum ac rerum qualitatem mutare, alterare, seu in totum cassare, & alias de nouo condere posſint & valeant* : tellement que comme ils disent n'estre reguliers ny seculiers, ils ne sont obligez à aucune reigle, n'ayãt autre excuse de ceste dissolution, sinon le desseing auquel ils poinctent continuellement de la puissance absoluë, que le temporel cede à la seigneurie spirituelle, pour vne plus grande gloire de Dieu, comme ils disent en la neufiesme partie de leurs constitutions chapitre 3. article neuf, *poterit in omnibus , ad maiorem Dei gloriam, vt senserit procedere.*

La fin de leur quatriesme vœu, est l'obeissance tres-specialle au Pape pour leurs missions, qu'ils nous ont voulu quelquesfois faire croire ne regarder que les infidelles, mais au contraire eux mesmes ont escript que ceste obeissance se deuoit mesurer & rapporter au sentiment & à la volonté de celuy auquel elle est promise: tellement que du moment que le Pape aura intention que la bulle *in cœna Domini* oblige les François , qu'il voudra leuer ce qu'ils disent & ce qu'ils appellent souffrance, les Iesuites seront obligez par leur vœu à l'execution selon son intellect sans autre tẽperament que de la volõté de leur General duquel despendra en ce faisant l'estat & la vie de tous nos Rois : l'effect de leur obeissãce aueugle, pour la perfection de laquelle ils adioustent, *Imperfecta ea est obedientia , in qua, præter exequutionem, non est hæc eiusdem voluntatis & sententiæ , inter eum qui iubet , & eum qui obedit consensio* , n'ayant autre conduicte que le sens & la volonté de leur General qu'ils doiuent executer, & ſe diſent commis à ceſt effect ſans aucune cognoiſſance, ny diſcretion, à la forme peut-eſtre, qu'il ſe lict dans Victor, au troiſieſme liure de la perſecution Vandalicq; qu'Hunneric Roy des Vandales, à la ſuſcitation des Arriens, voulut que tous les Catholicques iuraſſent ce qui eſtoit contenu en vn papier cacheté ainſi que les Prouinciaux des Ieſuites bien ſouuent font faire en leurs aſſemblees les commandemens importans de leur General.

Et ce qui eſt eſmerueillable, afin de rendre la puiſſance de leur Compagnie abſoluë, & le pouuoir de leur General plus ample, que celuy du Pape, en ce qui concerne leurs vœux, & leurs miſſiõs: c'eſt qu'auec la permiſſion de leur General ils peuuẽt faire accomplir par autres, ce qui leur eſt enioinct par le Pape, & peuuent eſtre reuoquez par leur General, voire ſans le ſceu & conſentement du Pape, en la neufiéme partie de leurs conſtitutions, cha. 3. art. 9. Cela tendant pluſtoſt à ietter les fondemens d'vne grandeur particuliere, qu'au bien de l'Egliſe vniuerſelle, ils ont obtenu Bulles, par leſquelles il eſt defendu à toutes personnes, sans nulles excepter, non pas messieurs les Cardinaux, de prendre aucune cognoissance des secrets de leur regle, voire mesmes de les approfondir, quand on n'auroit autre intention que d'en cognoistre la verité, comme si desormais toute la ratiocination & le iugement humain, estoit obligé deuenir esclaue de leur seule intelligence, par la Bulle de Gregoire XIII. decernee en l'an 1584. *Ne quis cuiuscumque status, gradus, & praeeminentiæ existat, dictæ Societatis institutum, constitutiones, vel etiam præsentes, aut quemuis earum, aut supradictorum omnium articulũ, vel aliud quid supradicta cõcernẽs, quouis disputãdi, vel etiã veritatis indagandæ quæsito colore directè vel indirectè impugnare, vel eis contradicere audeat.* Et ce qui surpassera toute creance, attribue à leur General seul de le pouuoir expliquer, ou interpreter comme bon luy semblera: ce qui fut inuẽté en leur faueur au temps que le Pere Claude Matthieu faisoit veoir à Rome les memoires de l'aduancement de nos malheurs, & de nos troubles: & ont procedé auec cette finesse, que de 37. Bulles qu'ils ont obtenuës, ils n'en ont iamais cõmuniqué que les moins fauorables, pour ne descouurir les grandes recompensesqu'ils reçoiuent, de ce qu'ils tirent la dignité Pontificale à ce poinct, qu'il n'y ait rien au spirituel, & au temporel, fors leur General, qui ne leur soit subalterne : pour l'acheminement de laquelle entreprise leurs Bulles portent absolution de toutes exçommunications, qu'ils pourroient encourir *à iure, vel ab homine*, à fin que nul respect de deuoir, ou d'obligation ne les puisse retenir au progres de cet affaire. Et comme les Iesuites s'excusent de n'estre les premiers autheurs de cette puissance absoluë, *Otho Frisingensis* ayant remarqué, qu'elle auoit pris sa naissance sous Gregoire VII. au subiect des inuestitures, continuée sous Gregoire IX. Il faut admirer la sage prouidence du Tout-puissant, lequel a voulu conseruer en l'eschole de la Sorbonne de Paris, fondee en ce mesme temps, le thresor de la verité, contraire à ce que les Iesuites nous eleuent, comme le premier & principal article de nostre foy.

L'eschole de Paris a tousiours enseigné, que la primauté de sainct Pierre, & de ses successeurs Papes de Rome est de droict diuin, en l'honneur & reuerence dequoy l'Eglise,l'antiquité, & les Princes Chrestiens ont accordé, & attribué au sainct Siege,plusieurs grands priuileges, & pregatiues,qui sont de droict humain: que immediatement apres & proportionnément Iesus-Christ a donné par indiuis à tous ses Disciples & Apostres le pouuoir des clefs, les a enuoyez:que cette mission est vne collation reelle de puissance & de iurisdiction,ne plus ne moins que tous les membres du corps naturel, bien qu'inegaux ont leur estre procedant sans moyẽ de la Nature : au moyen dequoy l'estat de l'Eglise est Monarchique, temperé du gouuernement Aristocratique des Euesques, des Prestres,comme d'vn Senat, le plus libre, & le plus parfaict estat qui se puisse imaginer.

D'où resulte,que la certaine & infaillible authorité, pour la resolution des poincts de la Religion, reside en toute l'Eglise,& non au Chef seulement, que pour ce subiect les Conciles sont necessaires au gouuernement d'icelle, les conclusions desquels decrets,&Canons resolus par la pluralité des suffrages, le Pape mesme est obligé d'obseruer, sans en pouuoir dispenser, sinon au cas auquel l'Eglise assemblee en Concile en dispenseroit lors qu'il seroit question du bien de l'Eglise vniuerselle, & non des particuliers, le fondement solide des libertez de nostre Eglise Gallicane.

Que les Decrets, Bulles, censures, & excommunications des Papes, mesmes la Bulle *In cœna Domini*, & le Concile de Trente, en ce qui concerne la police, n'obligent, & ne peuuent estre executees auparauant qu'elles ayent esté approuuees, receuës & publiees par le Conseil, & temperament Aristocratique des Ordinaires des lieux, qui les doyuent mettre à execution, & faire entretenir: que les sacrees eslections auoient succedé à la mission & vocation immediate faicte par nostre Seigneur Iesus Christ, que de droict diuin & naturel elles appartiennent à l'Eglise. au premier & sixiesme des Actes des Apostres chapit. 4. & 6. des Conciles de Nice, & de Basle, pragmatiques de nos Roys S. Loys, & Charles VII. Que le Pape est dispensateur & œconome, & non pas seigneur des benefices, qu'il ne peut troubler les Ordinaires en leurs fonctiõs, ne les priuer de leurs benefices sans cause legitime, & sans le cõseil de l'Eglise, selon

ſelon ce que ſainct Gregoire a eſcrit, inſeré au Corps de Droict canon, *can. ecce. diſt.* 99. S. Bernard *lib.* 3. *de conſiderat. cap.* 4. Gerſon au liure de la puiſſance Eccleſiaſtique, conſid. 12. & au traicté qu'il a faict des eſtats de l'Egliſe.

Au contraire, les Ieſuites enſeignent, qu'il ne ſuffit pas croire le primat de ſainct Pierre eſtre de droict diuin, mais que pour vn plus accomply gouuernement de l'Egliſe, il faut recognoiſtre vne puiſſance monarchique, vniuerſelle, abſoluë, infaillible, qui eſt ſon pouuoir meſme ſur le temporel de tous les Chreſtiens, pour leur donner loy & direction, voire aux choſes ciuiles, ne plus ne moins que l'ame raiſonnable fait au corps & affections humaines: c'eſt la doctrine, & les propres termes du Cardinal Bellarmin, en ſes liures *de Rom. Pontifice.* de Salmeron en ſon tome 4. 3. partie, traicté 4. expliquant le paſſage de ſainct Matthieu, *Dabo tibi claues regni cælorum.* de ſes commentaires ſur le 13. chap. aux Romains, diſpute 4. de *Ludouicus Molina*, traicté 2. *de iuſtitia & iure*, diſp. 29. d'*Azorius* 2. partie de ſes inſtitutions morales, liure 4. chap. 19. liure 21. chap. 3. & 5. de *Gregorius de Valentia* en ſes commentaires, de *Magallianus* au commencement de ſes commentaires de la Hierarchie Eccleſiaſtique: à laquelle puiſſance abſoluë eſtant attaché le vœu principal & le plus myſterieux, le premier fondement, & vniuerſel mouuement de leur inſtitution, on ne peut pas douter, que ce ne ſoit la doctrine commune & certaine de toute la ſocieté.

Ils adiouſtent, que Ieſus-Chriſt a donné les clefs auec toute la puiſſance Eccleſiaſtique à ſainct Pierre ſeul, & à ſes ſucceſſeurs, pour la diſtribuer aux Apoſtres, aux Eueſques, & aux Preſtres, ſelon qu'ils iugeroient à propos: d'où s'enſuit de toute neceſſité, que l'inſtitution des Eueſques, & des Curez, n'eſt point de droict diuin, & que l'eſtat de l'Egliſe eſt vne pure ſeigneurie, qui doit dependre de la ſeule volonté du Pape, en quoy les Ieſuites fondent leur grand pouuoir, au preiudice des Eueſques, Curez, & Prelats, prenans plus d'authorité au troupeau d'autruy, que les propres paſteurs. Et de faict, par les Bulles de Gregoire XIII. de l'an 76. & 84. outre l'exemption de la iuriſdiction de tous les Ordinaires tant ſeculiers, que reguliers, tout commandement leur est attribué, & sont constituez comme surintendans en l'Eglise, d'où naissent leurs entreprises sur les charges de tous les Ecclesiasticques, soit pour l'administration des sacremens, soit pour toute autre function : & auiourd'huy la penitencerie de Monsieur l'Euesque de Paris bien que remplie de trois suffisans Docteurs en Theologie, signalez en probité, est neantmoins deserte à proportion de l'oratoire des Iesuites, & l'Eglise Catholique d'Angleterre destituee d'Euesques par leur monopole, est priuee du sainct Sacrement de confirmation.

D'où il est aisé de cognoistre si la Sorbonne de Paris, qui a tousiours maintenu l'Ordre hierarchique & la dignité episcopale ; a dés l'an 1554. fait vn bon iugement de leur desseing, de soustraire aux ordinaires l'obeissance & subiection qui leur estoit deuë : si les Iesuites peuuent estre enuoyez Euesques & Curez, voire par cette plenitude de puissance auec plus de pouuoir que les pasteurs legitimes, les Euesques ne seront plus que Vicaires destituables à volonté. La puissance, dit sainct Paul, n'est pas donnee pour destruire, mais pour edifier, fist dificulté d'annoncer l'Euangile où Iesus-Christ auoit esté presché, *ne super alienum fundamentum ædificaret*, aux Romains, 15. & Rupertus interpretant ces mots de saint Iean 4. chap. *Vt cognouit Christus &c.* dict, que le grand Maistre d'humilité auoit enseigné par son exemple à tous les Docteurs de l'Eglise & domestiques de la foy, de n'entreprendre, ou troubler les charges les vns des autres; bien qu'il fut le Soleil & la lumiere, il n'auoit voulu eclairer où sainct Iean auoit commencé de faire voir sa lueur empruntee: se peut-on imaginer qu'il fust possible, de substituer vn pere de famille, auec mesme pouuoir, que celuy que la nature auroit donné, ou comme dit Gerson, que les pasteurs ordinaires contables & responsables deuant Dieu de leur troupeau, n'en ayent la conduicte ny le gouuernement, bref que l'estranger eust plus de priuauté auec la femme que le legitime espoux. C'est contre l'aduis de sainct Gregoire. *Non ego honorem esse puto, in quo fratres honorem suum perdere cognosco, meus namque honor est, honor vniuersalis Ecclesiæ, meus honor fratrum meorum solidus vigor tunc ego verè honoratus sum, cum singulis quibusque honor debitus non negatur*. Et sainct Bernard au troisiesme *De considerat*. chap. 5. *honorum ac dignitatum gradus, & ordines quibusque suos seruari positi estis non inuidere.*

Dauantage les Iesuites enseignent, proposent & soustiennent que le Pape seul est infaillible, la celebration des Conciles de la seule bien seance, *vt facilius canones recipiantur*: que les resolutions Synodales dependent non seulement de la volonté du Pape, mais qu'il en peut dispenser, les changer, & abroger quand bon luy semble: que les sacrees elections ne sont de droict diuin ny de droict naturel, n'appartiennent qu'au Pape, le Cardinal Belarmin au liure premier *De clericis* chap. 8. & qu'il peut disposer des benefices mesmes au preiudice de ceux qui en sont Titulaires & pourueus *etiam sine causa*, les propres termes de *Emmanuel Sa, in verbo, Papa*. Que les bulles, constitutions, censures & excommunications, mesme la bulle *in cœna Domini*, Le Concile de Trente en ce qui regarde la police, oblige les François en conscience bien que l'Eglise Gallicane n'y ait consenty, & ne les ait receus. *Azorius* au liure 5. chapitre 3.

de ses instit. morales. Si les Conciles doiuent dependre entierement de l'authorité & aprobation du Pape, comme ils le soustiennent, & l'auteur de l'institution Catholique le persuade ainsi, quand en l'enumeration de ceux qui sont legitimes, il obmet ceux de Constance, & de Basle, ce qui ne peut auoir autre fondement que le defaut d'aprobation des Papes, ainsi que Mariana son Collegue a escrit, il s'ensuit & voyez le precipice, que toutes les libertez de l'Eglise Gallicane, fondees sur l'authorité des Conciles sont schismatiques, puis qu'il y a vn plus haut ascendant que les Conciles : que les appellations comme d'abus, lesquelles s'interiectent sur ce fondement sont abominables : s'ensuit encores les eslections sacrees n'ayans point de commencement au droict diuin, que l'Eglise primitiue, l'Eglise Gallicane ont esté en erreur iusques au concordat du Roy François premier, & Leon V. que vous Messieurs estes vsurpateurs de la pluspart de la cognoissance que vous auez, & de la Iustice que si sainctement vous exercez, que le Concile de Trente attribue aux Ecclesiastiques.

Comme la doctrine des Iesuites peruertist l'ordre Hierarchique de l'Eglise, de mesme elle aneantist l'authorité des Princes, & des loix politicques, la noye en la puissance spirituelle ; & en cecy tellement contraire à toute la creance de nostre Theologie, que le noir n'est pas plus opposé au blanc, ny les sens à la raison : & si les calamitez passees nous ont laissé quelque souuenir, que ce soit à ce coup que Dieu par merueille semble lors qu'on y pensoit le moins ouurir ceste occasion non seulement pour nous faire voir, mais pour nous faire taster & toucher la cause de nos douleurs.

L'Vniuersité de Paris enseigne que le pouuoir spirituel n'est pas moins separé d'auec le temporel, que le ciel est de la terre : Le regne du fils de Dieu & de son Vicaire nostre saint Pere n'est point de ce monde, hors la censure Ecclesiasticque pour causes legitimes, & par les formes prescriptes l'Eglise ne doit vser que de persuasion, & non de contraincte, ses procedures qui nous doiuent approcher de la beatitude eternelle sont de simple aduis & conduicte, & non point de force ny de rigueur : qu'il ne peut appartenir aux

Ecclesiastiques à se mesler des affaires seculieres, toute leur entremise doit estre attachee à l'ame & à la conscience, leur cognoissance aux actions qui suiuent ou dependent de l'administration des sacremens.

Que de droict diuin & naturel, les Roys tenans apres Dieu la premiere place entre les hommes, ont toute puissance politicque, & seuls pouuoir sur tout ce qui est du temporel, & entre tous les Princes de la terre nos Roys tres-chrestiens, ausquels il semble que Dieu a communicqué les traicts les plus vifs de son image, qui n'aduoüent & ne recognoissent que de Dieu seul, leur sceptre & leur couronne, qu'il a eu en sa protection speciale depuis autant de temps à peu pres que le nom du Sauueur du monde est adoré. Le Roy de France lequel par le tesmoignage des Historiens Grecs, & Latins, & apres eux des Docteurs Italiens, est entre les autres Roys comme l'Estoille du iour au milieu d'vn nuage venant du Midy, portant la couronne de gloire & de liberté.

Tout au contraire, à la Monarchie absoluë & infaillible que les Iesuites establissent,

bliſſent, ils ſubmettēt le temporel de tous les Roys & Princes Chreſtiens à l'effect que la puiſſance ſpirituelle les puiſſe redreſſer, regir & corriger quand ils abuſent de leur authorité, c'eſt à dire n'obeiſſent pas à la volonté du Pape, & voicy leur ſophiſterie, à la verité diſent-ils, la puiſſance ſpirituelle ne ſe doit directemēt entre-mettre des affaires ſeculieres, pourueu qu'elles n'empeſchent & ne facent obſtacle à la fin, & au deſſeing du pouuoir ſpirituel, ou bien qu'elles ne le puiſſent ſeruir, aider, & fauoriſer, car ſi cela eſt & qu'il y ait aduantage à receuoir, *ſpiritualis poteſtas poteſt & debet coercere temporalem omni ratione, & via, quæ ad id neceſſaria eſſe videtur*, les meſmes termes du Cardinal Belarmin au liure 5. *de Rom. Pontif.* chap. 6. La doctrine vniuerſelle de tous les Ieſuites que nous auons citez, & des autres qui ont eſcrit, nul n'ayant preſque obmis de traicter ce ſubiect le principal de leur inſtruction.

C'eſt ceſte mauuaiſe doctrine dont les ratiocinations fallacieuſes & contre les regles du diſcours, ont fait eſclorre les troubles de l'an 1584. auquel temps les liures du Cardinal Belarmin furēt publiez, preſchez en tous les coings de la France : doctrine de correction, qui a contrainct le Roy Henry III. de tres-heureuſe memoire, lequel auoit mille fois hazardé ſa vie pour le zele de la religion Catholique, d'vſer du remede, qu'il auoit autãt de fois experimenté mortel pour le mal, forcé de reuocquer l'edict de paix, ſoubs lequel la France, ſon Eſtat viuoit ſi doucement, pour à ſon grand regret cicatriſer vne tant perilleuſe playe.

Ne nous y trompons plus, les fauſſes opinions en la religion ſont maladies de l'ame, auſſi doiuent elles eſtre gueries par remedes ſpirituels, la ſubſtance des ames incorporelle & inuiſible, ne peut eſtre contraincte à receuoir ou reietter quelque choſe par force: & pour cela ceux qui penſent eſtablir la Religion par force comme les Ieſuites, s'eſloignent entierement de la loy & de la volonté de Dieu, lequel ne voulut pas qu'en la cõſtruction du temple materiel de Hieruſalem, figure de ſon Egliſe, il fut donné vn ſeul coup de marteau ou d'autre ferrement: que le pretexte de la religion ne pouſſe plus les hommes à des extremitez ſi eſloignees de toute religion : ne donnons pas à la guerre ciuile, l'effect pareil qu'à la parolle de Dieu, qui seule a pouuoir d'endurcir les consciences à la verité, & les destourner du contraire : aussi n'en est-il arriué autre chose sinon que la force du breuuage de ceste Circé de guerre ciuille nous fist oublier nous mesmes & toute humanité.

Comme encores il est de droict diuin & naturel & de nostre institution, que tous subiects doiuent fidelle obeïssance à leurs Roys & Princes naturels, sans qu'aucun de quelque qualité ou pour quelque priuilege que ce soit s'en puisse soustraire ou exempter. *Non solum propter iram, sed propter conscientiam*, comme dit l'Apostre, cela prescript par les sainctes lettres, par la doctrine des Peres, par les Canons de l'Eglise : le ciment de la paix des deux puissances, l influãce de l'armonie parfaite & accomplie du commandement en la terre : à quoy les meilleurs & premiers Chrestiens instruicts ont tousiours fait gloire de seruir leurs Roys quels qu'ils fussent auec alegresse, & d'acomplir en humble obeissance leurs commandemens iusques à la mort : & neantmoins eu ceste doctrine de puissance absoluë, de correctiō du temporel par le ſpirituel, ſont fondees les excommunications contre les Roys, interdictiōs de leurs Royaumes, deſcharges de ſerment de fidelité & d'obeiſſance des peuples, au cas que les Princes naturels & legitimes vouluſſent entreprendre quelque choſe en leur temporel contre la volonté des Papes: doctrine iugee ſchiſmatique par noſtre Egliſe, les porteurs d'icelle condamnez par les Magiſtrats, conformément à ce que l'Egliſe Gallicane auoit reſolu du temps meſmes de Louys Debonnaire: ſur lequel Gregoire IIII. auoit voulu faire vn coup d'eſſay d'excommunication, laquelle reſolution fut ſouſtenuë par *Hincmarus* Archeueſque de Reims, duquel les eſcripts ſont canoniſez, confirmee du temps de Louys le Gros contre Paſchal, du Roy Philippes Auguſte contre Celeſtin troiſieſme, de Philippes le Bel contre Boniface huictieſme, & encores par le Concile de Tours du temps du Roy Louys douzieſme.

Toutesfois les Ieſuites n'ont pris autre pretexte pour iuſtifier l'vſurpation du Royaume de Nauarre faicte par Ferdinand Roy d'Eſpagne ſur Iean d'Albret, non pour autre occasion que pour auoir assisté le Roy de France contre la volonté de Iules deuxiesme, que Maistre Iean du Tillet Euesque de Meaux appelle *perfidiosus, sceleratus, & vecors*, au lieu que Maistre Gilbert Genebrard Docteur nourry en Sorbonne a escript en sa Chronologie, *Ferdinandum Hispaniæ regem nullo meliore iure, quam quod sibi vtile & commodum esset, regnum Nauarræ expulso Ioanne Albreto occupasse.*

Que si les François eussent perseueré en ceste nourriture, n'eussent point succé ce venin estranger, depuis enclos dãs nos veines, nous n'eussions veu la rebellion contre nostre bon Roy Henry troisiesme excitee par ceste doctrine, asseuree par ce liure dont Belarmin fut autheur, intitulé *Franciscus Romulus*, publié en 88. par lequel les esprits des François alors suffisammẽt disposez comme ils disoient, fut persuadé que la prise des armes contre le Souuerain estoit licite : nous n'eussions veu tant de concitoyens acharnez à la ruyne les vns des autres, le cœur de ce pauure Estat serré de tant de calamitez, sa poictrine si estroictement pressee d'ãgoisses & de souffrances, la peau tellement assechee sur les os, qu'il n'y auoit muſcle ny nerf de ce grand corps qui peuſt faire ſa function, noſtre France mille fois comme à la fin de ſes iours.

Mais plus que tout cela il ne fuſt iamais tombé en l'ame d'vn homme né Chreſtien, en l'ame d'vn François, ſans ceſte doctrine, qu'il fuſt loiſible d'atenter à la perſonne ſacree des Roys, & permis de les tuer : car comme ils ont enſeigné qu'ils pouuoient eſtre excommuniez, depoſez, s'ils manquoient d'acquieſcer au vouloir de ceſte puiſſance abſoluë, ils ont auſſi dit qu'il eſtoit meritoire de les tuer, & ont fait de l'vn, la preuue de l'autre: voicy leur progrez. Par l'excommunication, condemnation & depoſition, les Princes de perſonnes publiques, deuiennent particuliers, ſans authorité ny ſans ſubiects; de Roys, tyrans, vſurpateurs, perturbateurs du repos public. *Occupantem tyrannicè poteſtatem quiſque de populo poteſt occidere ſi aliud non ſit remedium, eſt enim publicus hoſtis : Emanuel Sa in Verbo Tyrannus.* L'obiect de toutes les entrepriſes des parricides, en ſuitte de quoy, & le Cardinal Belarmin en ſon Apologie contre le ROY d'Angleterre pag. 299. & *Ioannes Mariana* eu ſon liure premier *de rege & regis inſtitutione* : l'Autheur Ieſuite du liure intitulé *Amphitheatrum honoris*, ont eſgallement loüé l'abominable parricide de noſtre pauure Prince, & les Ieſuites de Bourdeaux dit & eſcript que c'eſtoit la cauſe de leur ſalut: par ceſte meſme doctrine la temerité de Barriere fut armee en l'an 1593. fortifiee par le conſeil de Varrade Recteur des Ieſuites contre noſtre inuincible Roy Henry IIII. Auquel tẽps Commelet l'excitoit par ſes cris, deſirant vn Aod de quelque qualité qu'il peuſt eſtre, croyant que Barriere ne faudroit ſon entrepriſe, ou qu'il feroit naiſtre la volonté à quelque autre, d'vn ſemblable attentat.

Grand mal-heur que la France euſt perdu ceſt aduantage que les Anciens luy donnoient, qu'elle ne nourriſſoit point de monſtres : Mais Dieu à propos luy auoit eſleué ſon Hercule pour les dompter, de la main duquel apres ſa bonté il vouloit que nous tinſſions l'œuure diuin, & le miracle de la reſurrection de cet Eſtat.

En ce temps les Ieſuites cogneurent

bien, que rien ne pouuoit plus estre opposé aux armes victorieuses de nostre grand Roy, que l'honneur de la cõqueste de son Royaume luy estoit aussi certainement asseuré, que iustement il luy appartenoit, firent semblant de reprendre vn ton plus doux, & pour se conseruer, publierent la resolution qu'ils disoient que leur General auoit faicte à Rome sur la fin de l'annee 1593. par laquelle il leur estoit bien expressement deffendu de s'entremettre d'aucunes affaires, protestoient d'y obeyr, renoncer à toutes factions, honnorer & seruir le Roy cõme ses subiets, la clemence duquel paroistroit plus excessiue au pardon qui leur seroit fait, qu'au surplus de ceux qui par leur persuasion s'estoient esgarez de leur deuoir, c'est ce qu'ils toucherent par leur plaidoyé & par leurs defences imprimees, & peut-estre l'vnique consideration de ne les priuer pour lors de la grace du ROY.

La prudence des Iesuites en telles occasions consiste à gaigner temps, leur dessein ne mourant iamais, ils attendent la commodité que leurs semences en saison produisent leur fruict : quatre ou cinq mois apres à l'instant que le Roy arriua de l'armee, arriua de l'armee, ce Prince pourtraict de la mesme valleur, au milieu de deux cens Gentils-hommes, dans son Louure est blessé par Chastel escholier des Iesuites, nourri en leur doctrine, blessé en telle sorte, que sans vne manifeste prouidence de Dieu qui nous aimoit, déslors ceste Monarchie eust pris fin, & nous miserables eussions esté priuez des benedictions qu'il nous a depuis acquises par ses incomparables valeurs, par sa iustice, par sa pieté, non moins admiree de tout le monde, que son bras & son espee ont esté redoutez.

Ce monstre miserable, en la presence de vous Messieurs, dit-il autre chose sinon que le Roy, bien que Catholique, estoit encore hors de l'Eglise puis que l'excommunication duroit encores, qu'il le falloit tuer, void on quelque chose dissemblable à leurs propositions? Barriere en auoit dit autant, Guignard Iesuite l'escriuoit, & apres mille blasphemes contre le Roy Henry III. son Prince naturel, adioustoit contre le dernier. *Si on ne le peut deposer sans guerre, qu'on luy face la guerre: Si on ne la peut faire, qu'on le face mourir.*

Vrais ennemis de repos bien contraires

aux disciples de Iesus-christ, lesquels ne s'armerent iamais que d'oraisons, n'ont presché qu'amour, que charité, que concorde. Vos entreprises contre nos Roys & leurs Couronnes, par vostre propre confession, meritoient plus que la condemnation interuenuë par les Arrests. Quelle sera la langue qui pourra iamais assez hautement loüer les efforts de la Iustice de ce grand Parlement, lequel au milieu des plus fortes tempestes, a tousiours mesuré ses actions au compas du bien & de l'honneur de cest Estat? malgré toutes oppositions vostre gloire sera immortelle.

Platon en ses Politicques tient vne opinion qui a esté suyuie de beaucoup d'autres, qu'il y a des siecles ausquels Dieu en personne tient le gouuernail de cest Vniuers, le regist, le tourne selon son bon plaisir : mais qu'il y en a d'autres ausquels Dieu neglige le gouuernement, qu'alors le monde destitué de la conduicte de son Createur prend vn mouuement contraire à celuy que Dieu luy donnoit, en sorte que l'Orient deuient Occident, & le Septentrion prend la place du Midy, & ceste vniuerselle conuersion aduenant, les generations, les mœurs, les façons de faire sont esteinctes ou changees. Comme Chrestiens nous sommes nourris en meilleure eschole & resolus que la prouidence diuine n'abandonne iamais la conduicte du monde, & ne permet en aucun siecle aux intelligences motrices des Spheres cœlestes de se despartir du bransle & de la cadence qu'elle leur a vne fois prescripte : neantmoins quand les calamitez regnent au monde, il semble que Dieu sommeille & qu'il ne se vueille mesler de rien : ainsi durant les guerres ciuiles, les rebellions des peuples, suyuies de toutes sortes de vices, de mescognoissance de Dieu, les calamitez auoient pris vn merueilleux accroissement.

Au contraire auec la recognoissance de nostre Roy nostre Prince souuerain, & legitime, auec la concorde de nous concitoyens ses subiects, comme Dieu proprement nous a faict voir sa presence, & son gouuernement, au mesme temps il nous fist sentir sa beneficence, iamais plus d'affection à son deuoir, plus de deuotion à son Prince, plus de grace en particulier, plus d'eſperance de l'aduenir, il ſembloit que les ames de tous les François deſliees de priſon fuſſent en vne liberté, qu'on ne ſe pouuoit iamais promettre.

On auoit plus fait dépendre pour deſpoüiller noſtre Roy de ſon heritage paternel, qu'on n'a iamais fait contre le Turc: neantmoins toutes les iniures receuës depuis Sixte cinquieſme & ſes ſucceſſeurs iuſques à Clement huictieſme, ne l'auoient pas retenu de s'acquiter du deuoir de Roy treſ-chreſtien, de ſacrifier toutes ſes paſſions & iuſtes reſſentimens à la gloire de Dieu & bien de ſes peuples. Auſſi noſtre Roy de ſon viuant eſleué au deſſus des Auguſtes plus riche de l'amitié des ſiens que ne fut iamais Prince, receuoit la bonne volonté eſgalle de tous ſes ſubiets, comme il eſtoit toute noſtre attente, auſſi eſtoit-il l'effroy de tous nos ennemis.

Et ce qui faiſoit paroiſtre la benediction de Dieu entiere, c'eſt que iamais on ne fiſt vn plus grand progres à la conuerſion de ceux qui eſtoient hors de l'Egliſe: en particulier, ce n'eſtoient que douces communications, que concerts, qu'Estudes à l'honneur de Dieu & de l'Eglise Catholicque, vne si visible operation du sainct Esprit, qu'il en demeuroit plus d'estonnement à ceux qui n'estoient encor touchez, que de regret ny de desplaisir: Quel fut le succez de la conference de Fontaine-bleau où le Roy mesme presidoit & esclairoit par son exemple, comme la lumiere au milieu du temple: où ce docte Prelat, ce tres-illustre Cardinal, cest esprit enrichy de graces immortelles, par son temperament Chrestien, profita plus à la religion Catholicque, que dix mil Iesuites ne sçauroient faire par leurs predications de feu & de sang? Ha! que de victoires publicques des plus grands esprits, dont le sainct Siege & toute la Chrestienté ont receu des seruices signalez: que de particulieres & secretes de ceux ausquels manquoit plus d'opportunité que de volonté.

La perfection de l'homme consiste en la contemplation de la verité, il n'y a rien qui tempere tant le zele inconsideré de ceux qui sont en erreur, que de leur monstrer qu'on ne veut vser d'autre force sur les consciences que de la verité, &

comme le Roy y trauailloit à bon escient, ayant restably la religion Catholicque, & fait celebrer la Messe en plus de trois cens villes de son Royaume où elle n'auoit esté dicte trente cinq ou quarante ans auparauant, promettoit l'accomplissement de ce saint ouurage en la conuersion des plus grands de son Estat, des Princes ses voisins, lesquels se laissoient persuader & par la force de la raison, & par la merueille de son exemple.

L'Escriture saincte enseigne que vouloir trop diuiser cause le schisme, l'Eglise en ressent l'incommodité: vouloir trop vnir est l'autre extremité, qui menace de pareil inconuenient: Tout le corps ne sera pas œil disoit l'Apostre, que deuiendroit l'ouye? & le corps n'est pas vn membre, mais plusieurs, Dieu a composé le corps d'vn tel temperament qu'il a voulu que les membres fussent en soin perpetuel les vns des autres: qui retarde la conuersion d'infinis separez de l'Eglise satisfaicts de tous les autres poincts de nostre foy Catholique, que cette puissance & authorité absoluë laquelle ils ne peuuent gouster, c'est ce qui augmente les defiances, & les soupçons, essloigne la reconciliation de plusieurs, c'est le moyen par lequel les Iesuites ont perdu la Hongrie, rendu le Turc maistre de la meilleure partie, & fait Arbitre du surplus, brouïllé la Transsiluanie, la Pologne, & la Suede, sans qu'aucune partie du monde se soit peu preseruer de ce trouble.

Ce sont les vtiles seruices que font les Iesuites à l'Eglise, lesquels pour l'establissement de ceste puissance, pour leur ambition particuliere, font aussi peu de conscience de nuire aux meilleurs Catholiques, qu'à ceux qu'ils tiennent separez de l'Eglise, pour verifier vne partie du decret de nostre Sorbonne, *Multas in populo querelas, multas lites, æmulationes, dissidia, contentiones, variaque schismata inducit*: sans reprendre l'exẽple de nos troubles derniers où ils vouloient dés le cõmencement faire vn retranchement de ceux qui estoient seruiteurs du Roy Henry III. Prince tres-Catholique, iusques à leur dénier la saincte Communion. L'eschole de Paris en a ressenti la calomnie, le Cardinal Belarmin ãyãt escrit au liu. 4. *de Rom. Pontifice*, chap. 1. & 2. que l'opiniõ de l'eschole de Paris laquelle n'aduouë point la puissãce absoluë & infaillible, *erat erronea & hæresi proxima.*

N'est-ce pas heresie douter de la foy de l'eschole de Paris ? il est vray que pour la preuue de sa proposition il allegue vn passage du Deuteronome chap. 17. il nous desplait grandement d'auoir subiect de le dire, qu'il a corrompu, car au lieu qu'il y a en toutes les editions des Bibles, mesmes en celle qui fut receuë & imprimee par le commandement du Pape Sixte cinquiesme conforme aux textes des langues, *Veniesque ad Sacerdotes Leuitici generis & ad iudicem qui fuerit illo tempore, quæresque ab eis, qui indicabunt tibi iudicii veritatem.* Il a escrit *ad Sacerdotem* contre l'expresse prohibition du S. Esprit qui deffend de changer ou diminuer au liure de vie. Le mesme aduenu à l'auteur de l'institution Catholique liu. 2. chap. 8. sur pareil subiet, où citant le passage de S. Luc chap. 22. *Ego autem rogaui pro te Petre vt non deficiat fides tua, & tu aliquando conuersus confirma fratres tuos.* Il trãspose ce mot *aliquando* d'vne periode en autre, & escrit, *Ego rogaui pro te Petre vt non aliquando deficiat fides tua*, abusant de ce mot *aliquando* pour *nunquam*. Mais ils ne font pas ce tort à l'eschole de Paris seule, il n'y a ordre d'Ecclesiastique, ny Religion qu'ils n'ayent voulu descrier: qui ne sçait

sçait ce que leur ambitiõ a cousté à l'Eglise Catholique d'Angleterre, qu'ils ont cuidé perdre au lieu de l'aider? Apres le deceds du Cardinal Alanus, la conduicte des Seminaires Anglois fut commise aux Iesuites, aussi tost ils mediterent d'oster aux Prestres & Ecclesiastiques du pays, dont l'affection & la deuotion estoit esprouuee, la conduicte & l'authorité sur leur troupeau, pour se l'attribuer, firent commettre des Archiprestres pour leur rendre raison de tout, & voulurent que les contributions & aumosnes du pays qui ne sont pas petites, fussent distribuees par leurs mains, ce qui a plus fait de trouble entre ces pauures Catholiques que la persecution, en laquelle auparauant leur entremise, on n'auoit iamais eu aucun obiect de crime de leze Maiesté: venus à tel excez, qu'aucuns des Ecclesiastiques d'Angleterre ayans passé la mer, & fait le voyage de Rome, pour aduertir sa Saincteté de ce desordre, Personus Iesuite les fit emprisonner, traicter comme criminels, cõme schismatiques, empescha que leurs appellations fussent receuës. Ces pauures affligez trouuent moyen par le conseil de l'Vniuersité de Paris, de faire voir la iustice de leur plainte, sur laquelle interuint le Bref du Pape Clement VIII. de l'an 1601. par lequel il est defendu aux Ecclesiastiques d'Angleterre, de rendre aucune raison de leur administration aux Iesuites, ny à leur General, & leur communiquer leurs affaires par lettres, ny autrement, ains de s'adresser directement à sa Saincteté, auec reuoquation de ce que le Cardinal Caietan protecteur d'Angleterre auoit decerné en leur faueur, mesmes pour la distribution des aumosnes: & depuis le trouble de ceste Eglise cessa, la paix eust plus longuement continué, sans les negociations des Iesuites, en ce qui seruoit plus à la monarchie du monde, qu'au Royaume des cieux.

Vn autre exemple irreprochable, & dont les actions sont publiques, tesmoignage de la mediocrité, dont ils se vantent auoir acquis la perfection, & de la paix qu'ils procurent à l'Eglise. L'Inquisition est mise entre les mains des Dominicains, tant pour leur grand & excellent sçauoir, que pour les seruices qu'ils ont faits à l'Eglise Catholique, le temps n'a point diminué à cet Ordre de son ancienne & premiere gloire. Les Iesuites qui ont deſſein à la dignité ſouueraine de l'Egliſe, ſe ſont aduiſez d'exciter contre eux vne diſpute, qu'ils appellent *de auxiliis*, concernant la iuſtification : eſtimans qu'ayans quelque aduantage ſur la reputation de ces Religieux moins artificieux qu'eux, il ſeroit facile de leur arracher ceſte puiſſante function, encores qu'ils n'en euſſent point abuſé. Ce que le Pape Clement cognoiſſant a interdict la diſpute: nonobſtant les Ieſuites l'ont publiee : & n'y a perſonne qui ne ſçache que ce Pape tres-ſage & tres-ſainct, a deſiré d'abaiſſer leur ambition, confeſſent qu'il en auoit traicté auec le Cardinal Tolet, qui preferoit ſur la fin de ſes iours l'honneur & le bien de l'Egliſe aux factions de ſa Societé, qu'il auoit recherché les moyens de faire valoir le conſeil de Sixte V. de les renfermer, & ſubmettre leur General aux reſolutions capitulaires de la Societé, & le rendre triennal, pour ſe garantir dequoy ils ont obtenu Bulle de Gregoire XIIII, qu'ils tiennent ſecrette, portant excommunication de tous ceux, qui voudront entreprendre choſe ſemblable: auſſi ne l'ayant peu faire & le Cardinal Tolet decedé, il voulut ſous pretexte de reformation de l'Ordre, enuoyer le General en Espagne, ce que les Iesuites empescherent, soustenans à sa Saincteté, qu'il ne le pouuoit faire sans interesser sa santé. Ce qui fit desirer à l'vn d'entr'eux d'apprendre d'vne inspiritee, quel seroit le succez de ce voyage, se doutant auec les autres de sa Societé, que c'estoit vn moyen pour diminuer le pouuoir d'Aquauiua, qui est aussi grand à Rome, que celuy du Pape.

Le leuain que les Iesuites auoient laissé aux villes ausquelles l'Edict du Roy touchant leur bannissement n'auoit point esté executé, leur a tousiours faict croistre l'esperance de leur retour : l'histoire tesmoin du temps, la memoire des aages, le miroir des hommes, messagere de tous les accidents qui font cognoistre la verité, rapportera fidelement à la posterité qu'ils n'ont rien obmis pour y paruenir : & eux ne l'ont pas celé, car en vn grand discours composé de trente ou quarante articles qu'ils ont publié & supposé auoir esté faict l'an 1603. par le Roy respondant aux graues remonstrances de son Parlement, duquel comme veritable ils imposent aux nations estrangeres l'ayant fait imprimer en Latin, Italien, & nouuellement Gretserus en Alemand pour leur derniere descharge, comme encores Posseuin l'employe en sa Bibliotecque afin que l'imposture passast à la posterité: apres auoir esté si hardis que de comparer leur restablissement de pure grace, à l'establissement diuin & legitime du Roy en son Estat, ils confessent qu'ils l'auoient obtenu comme ils auoient peu.

Comme nous recognoissons tous que la misericorde du Roy a donné la paix à ses peuples, il estoit necessaire d'en asseurer les fondemens par iustice, au subiect d'vne grande, inueterce, & pernicieuse corruption, & pour l'establissement certain de nostre republicque ne se pas contenter de commander le biẽ, mais defendre de faire mal. Grand Roy qui auez esté sans comparaison plus releué en vertu qu'en dignité sur les autres hommes, vos bons seruiteurs entamez par le fer qui a racourcy vous iours, plaindront à iamais que vostre douceur demesuree ait acreu la hardiesse de ceux qui vous ont esté aussi infidelles, que vous leur auez esté bon Roy.

Nostre cœur estoit sain, nostre playe reprise, & le mal particulier de l'Vniuersité commençoit à ſe diſſoudre, quand les Ieſuites employerent l'interceſſion du Pape Clement huictieſme pour leur reſtabliſſement en ce Royaume. Toute la Chreſtienté peut eſtre appellee en teſmoignage de la deuotion que noſtre Roy auoit au ſainct Siege, de l'honneur particulier qu'il rendoit au Pape Clement, pour ſes hautes, grandes, & eminentes vertus: la bonté du Roy eut plus de reſpect au contentement du Pape, & à l'aſſeurance qu'il donnoit, qu'au reſſentiment naturel des iniures & outrages qu'il auoit receus, tellement qu'apres pluſieurs iuſſions, pluſieurs remonſtrances de vous Meſſieurs, les lettres par eux obtenues furent veriffiees: remarquable que les conditions apposees en leur reſtabliſſement, par le moyen deſquelles on penſoit les reduire aux termes de ſimples Religieux, & de ſubiects obeiſſans, agreées par le Pape, n'auoient pas eſté trouuees bonnes par leur General, à cauſe de la difference aux principales regles de la Societé: ils nous ont gardé ce ſecret, auec lequel ils ſe croyent diſpenſez de tout ce qu'on a deſiré d'eux, & de ce qu'ils ont promis, ne pouuans eſtre obligez ſans le vouloir du General, & plus à luy qu'à Dieu, qu'à l'Eglise, qu'au Pape, ny à tout le monde.

Leur restablissement fut au mois de Ianuier mil six cens quatre: auparauant leurs confreres de Doüay auoient menagé l'entreprise sur la personne du Duc Maurice, & y auoient enuoyé leur Pouruoyeur nommé Panne pour l'executer. Et peu de temps apres fut descouuert vn autre dessein de leurs bonnes intentions, la conspiration dont trois de leurs Peres Tesmond, Gerard, & Garnet, auoient la conduicte contre le Roy d'Angleterre, tous les Ordres & Magistrats du pays, la plus prodigieuse qui puisse tomber en l'esprit humain, & qui doit faire honte à tous les excez de l'antiquité: Les Estats d'Angleterre estoient conuoquez, le lieu & le iour termez, l'ouuerture preparee, les coniurateurs auoient trouué moyen de remplir le dessous de la salle, où se faisoit l'assemblee, de telle quantité de poudre à canon, cachee & couuerte de bois, qu'auec le moindre artifice de tant loing qu'ils eussent voulu, ils faisoient perir & mourir vn Royaume tout entier, eux-mesmes l'ont ainsi descript, partie des coulpables l'ont confessé: ce n'est pas le moyen de restablir la Religion Catholicque, que de remplir vn Estat de meurtres, & d'vne si horrible combustion, c'est donner subiect aux hereticques de se roidir contre des procedures si dissemblables à la douceur, que Dieu a laissee à son Eglise pour marque de sa lumiere, faire que la verité Chrestienne ne retourne plus d'où elle est chassee, & qu'il aduiene que l'heresie soit plustost suyuie d'infidelité & paganisme, que de restauration en mieux.

De l'establissemēt du pouuoir spirituel sur tout le tēporel est nee ceste autre propositiō de la doctrine des Iesuites, que les Ecclesiastiques ne sont subiects ny iusticiables d'aucun Prince, ains du Pape seul, mesmes en ce que concerne le temporel, que viuans en l'Estat de qui que ce soit ils ne sont obligez aux loix ny aux polices, voire en ce qu'elles sont les plus souueraines: & pource Belarmin en son traicté *de Clericis* depuis le vingt-huictiesme chapitte iusques au trente, Emanuel Sa en son Confessionnaire sur le mot *Clericus*, Gretserus en ce qu'il a escript contre la republique de Venise, disent concordamment auec tous ceux de leur Societé,

qu'encores

qu'encores que les Ecclesiastiques conspirassent contre l'Estat ou la personne du Prince, neantmoins ils ne pouuoient encourir crime de leze Maiesté, par ce qu'il n'est Roy ny Prince à leur esgard, ny eux subiects au sien.

L'eschole de Paris au contraire a tousiours tenu & enseigné, que les Ecclesiastiques comme subiects naturels des Princes & Republiques où Dieu les faict naistre, sont obligez ne plus ne moins que les autres aux loix de direction & de contraincte, seulement exempts pour ce qui regarde le seruice diuin, & l'honneste entretien de l'estat Ecclesiastique: & en cest endroit, les Iesuites selon leur coustume ont ratiociné fallacieusement de l'enonciation d'vne exemption tres-specialle & particuliere à vne immunité entiere, generale, & absoluë contre la doctrine de l'Eglise, laquelle nous apprend que comme la crainte de Dieu est le commencement de sapience, la crainte du Magistrat est le commencement de prudence: comme ceste vie est vn ombre de la vie eternelle, aussi les loix des Princes & des Royaumes, figure de la loy eternelle: tellement que qui n'aime la figure, monſtre qu'il aime encores moins la choſe figuree.

Demeurant ceſte exemption, perſonne ne peut douter, que les Ecclesiaſtiques ne fuſſent autant de garniſons eſtrangeres en vn Eſtat: & ſi le Prince ou le Magiſtrat les vouloit contraindre à quelque choſe pour le bien de ſa police, reſulteroit de la meſme doctrine que n'eſtans ſes ſubiects, ce ſeroit vn Tyrã & vſurpateur, qui pourroit eſtre depoſé & tué par qui que ce ſoit: c'eſt le fondement du trouble, que nous auons veu eſmouuoir contre la Republique de Veniſe, de tout temps tres-Catholique, & deuotieuſe au ſainct Siege, lequel ne peut eſtre attribué qu'aux Ieſuites, que le Senat de ceſte Republicque en l'honneur de la Religion Catholique auoit ſoigneuſement cheris cinquante ou ſoixante ans, iuſques là que quatre ou cinq ans auparauant, ils leur auoyent faict don d'vn grand Palais pour leur College, où ils tenoient plus de trois cens eſcholiers enfans des meilleures maiſons de Veniſe, poſſedoient en ceſt Eſtat douze ou quinze mil eſcus de reuenu.

Durant le Pontificat du Pape Clemẽt, les Venitiens auoient publié vne ordonnance,par laquelle il estoit faict defences aux Ecclesiastiques d'acquerir des immeubles : ce sainct Pere l'auoit sceu sans s'en offencer. Et comment l'eust-il troué mauuais, veu qu'en l'Estat de Milan il y auoit pareille prohibition estroittement obseruee, que le Pape mesme à present seant, à son aduenement, auoit defendu à la maison de Lorette de plus acquerit d'immeubles : neantmoins les Iesuites ayãs voulu acquerir vn palais de plaisãce sur la riuiere de la Brente, assez proche de la ville, furent empeschez par ceste loy, aussi que la damoiselle proprieteresse se retracta, & dit auoir esté seduicte par son Confesseur: cela leur fit nourrir vne mauuaise volonté en leur ame. Tellement que deux Ecclesiastiques de Vincence ayans esté emprisonnez pour crimes tres-horribles, les Iesuites prenans leur temps, firent entendre au sainct Pere, que c'estoient entreprinses sur son authorité, & ceux qui dependoient immediatement de luy, que les Venitiens n'auoient peu faire des loix concernant les Ecclesiastiques, bien que necessaires pour leur Estat, & conseruation, sans le vouloir du Pape, ny rien statuer sans l'en requerir, en ce faisant leur ostoient toute souueraineté, persuaderent à viue force l'excommunication, à laquelle le Cardinal Zapata protecteur d'Espagne souscriuant, en confirmant le conseil des Iesuites, dit, que cette action faicte pour la grandeur de l'Eglise, meritoit vne statue d'or dediee à l'immortalité. Ce premier esclat donna apprehension de grandes calamitez, tellement que le Pape naturellement desireux de douceur, porté du conseil des Princes Chrestiens, & specialement de celuy de nostre grand Roy, fut derechef aigry par les Iesuites, & par les lettres qu'ils escriuoient à leur General, lequel n'a rien de Religieux que la robbe, se gouuerne en toutes ses actions comme celuy qui bastit vn grand Empire, ils promettoient la diuision du Senat, le soulleuemēt du peuple, que les escholiers qu'ils auoient, estoient autant de prisonniers, & d'asseurances de leurs promesses, que l'excommunication auroit pareil effect à Venise, qu'à Ferrare: sur cela fut l'interdict publié.

La Republique de Venise en ceste occurrence, se contenta de faire defences aux Ecclesiastiques de troubler à cette occasion l'estat des consciences, & pour faire cesser toute excuse, donna le choix aux Religieux de demeurer ou se retirer, les Iesuites firent response qu'ils se conformeroient aux ordonnances de la Republique : cependant ils enuoyent secrettement à Rome le Pere Posseuin vers leur General, & sous main taschent de suborner les autres Ecclesiastiques, & d'empescher l'obeissance à leur souuerain : il arriua vne action memorable d'vn bon Religieux nourry à la simplicité, qui n'auoit autre but que l'amour de Dieu, & non le soin du temporel, & du gouuernement : le Prouincial des Capuchins homme de singuliere probité & saincteté, escrit à tous les Conuents de son Ordre, que si le Prince & la Republique commandoient quelque chose contre les douze articles de la foy, ils eussent plustost à souffrir mille morts que d'y obeyr : mais en toute autre chose, qui leur seroit commandee, qu'ils rendissent deuoir de bons subiects, sans aucun scrupule de conscience sur peine de son indignation, laquelle leur deuoit estre autant à craindre que la mort mesme. Saincteté sans feintise, ou ambition, ce sera l'immortalité qui courõnera la gloire de voſtre obeiſſance, que malgré ces nouuelles doctrines le vent de voſtre verité puiſſe ſouffler en tous les coings de la Chreſtienté.

Il ne ſe paſſa pas beaucoup de temps qu'il n'y euſt des peres, & maris qui ſe pleignoient que leurs femmes & enfans faiſoient difficulté de leur rendre l'amour & l'obeiſſance deuë ; eſtonnez des Ieſuites qui leur preſchoient qu'ils eſtoiẽt excommuniez & damnez : & nonobſtant qu'à leur partement de Veniſe, ils euſſent bruſlé grande quantité de papiers de crainćte qu'ils fuſſent veus, neãtmoins il s'en trouua portans teſmoignage, qu'ils auoient tenu regiſtre des confeſſions de perſonnes de qualité, auoient enuoyé à Rome grande quantité d'argent, & emporterent tous les ornemens qui auoient eſté donnez à leurs Egliſes : & à Padouë & Breſſe où ils furent ſurpris, & n'eurent loiſir de donner vn tel ordre, ny bruler leurs papiers, il s'eſt trouué tant d'enqueſtes de la diſpoſition de l'Eſtat, & de toutes les familles en particulier, que c'eſtoit vn indice tres-certain qu'ils auoient quelque grand deſſein, à l'execution duquel ils euſſent beſoin d'vne ſi penible curioſité.

Et vn autre secret remarquable, qu'ils esmeurent ce trouble à Venise en temps auquel le Comte de Fuentes auoit en Italie vne armee pour le Roy d'Espagne, nouuellement faict bastir deux grands forts qu'on tient inexpugnables, pour empescher le passage des Suisses & des Grisons, par le moyen dequoy ils se promettoient que ioignans ces forces à leurs addresses, ils transfereroient cet Estat comme ils ont fait celuy de Portugal, premierement par la vanité dont ils sçeurent remplir & perdre l'esprit du ieune Roy Dom Sebastien, qui leur auoit laissé prendre authorité en son Estat, puis destournant l'affection que le Roy Henry Cardinal son successeur portoit à Ieã Duc de Bragãce mary de Catherine sa niepce, fille d'Edoüard son frere, qui eust exclus Isabelle de laquelle le Roy d'Espagne estoit descendu, pour la mesnager & ioindre à sa pretentiõ, & encores par la guerre qu'ils allumerent contre Dom Anthoine recongnu Prince naturel & legitime, en laquelle on n'espargna pas le sang de deux mil bons Religieux fideles à leur Roy, pour raison dequoy il y a eu Bulle speciale d'absolution.

Car outre que l'origine de l'autheur des Iesuites est Espagnole, leurs Generaux de mesme nation, ou des terres subiectes au Roy d'Espaigne, qui leur inspirent vne affection particuliere à cestEstat, ayant pour but l'establissement de la puissance spirituelle absoluë auec laquelle ils promettent d'opprimer promptement les heresies, ils ont plus besoin de force, que de persuasion, & se seruent bien plustost du glaiue materiel que du spirituel: le Roy d'Espagne estant celuy qui s'accommode le plus à ce dessein, ils en procurent l'exaltation, par dessus tous les autres Princes: & de faict ils ont escript que l'Empereur Charles le Quint, & le Roy Philippes s'estoient bien conformez à cette resolution, mais qu'ils en auoient esté empeschez par les Roys de France, sans lesquels l'heresie eust esté entierement ruinee: que le Roy François premier auoit faict alliance auec le Turc, Henry deuxiesme defendu les Protestans, que l'Empereur vouloit deffaire: que Henry troisiesme auoit faict alliance auec la Roine d'Angleterre, les Alemans, & les Suisses: que l'Espagne a receu le Concile de Trente, & faict estroictement obseruer l'Inquisition.

l'Inquisition. Grande ingratitude ! y a-il Princes au monde, qui ayent tant exalté la Religion Catholique, qui ayent plus augmenté le sainct Siege, les donations de Pepin & Charlemagne, faussement attribuees à Constantin, les armes des François tant de fois transportees en la terre saincte, celles du Roy Loys douziesme, & de ses successeurs, au recouurement de l'Estat du Pape occupé, ne sont rien à ceux qui preferent leurs nouueautez à toute autre consideration, & sont obligez de trouuer mauuais, que les Roys de France Tres-chrestiens pour la conseruation de leur Estat, se soient maintenus contre l'Empereur Charles le Quint, & ne blasmeront pas l'alliance qu'il achepta du Roy Henri huictiesme d'Angleterre, pour nous ruiner.

Et pour tesmoignage de ceste affection coniuree à nostre preiudice, ceux qui sont sortis d'auec eux, rapportent, qu'ils ont cet ordre, qu'en chaque maison il y en a deux qui font les registres, & qui ont la charge des affaires d'Estat, ausquels tous les autres se confessent, & tenus de rapporter ce qu'ils apprennent, cela se porte au General par les visiteurs, & faut estre

Neapolitain, Sicilien, ou Espagnol, pour y donner aduis. Et en l'an 1604. s'estant descouuert vne confrerie de Iesuites associez (comme ils disent, que toute vne ville peut estre Iesuite) qui s'assembloit en la maison des Iesuites en la ville de Gennes, en laquelle les confreres auoient iuré de ne donner leurs voix à l'election des magistrats, & charges publiques, qu'à ceux de la confrerie, la Republique ayant faict instance d'vn tel monopole, & resolu de chasser les Iesuites : ils dirent qu'ils l'auoient faict, parce qu'aucuns de la ville auoient intelligence & sembloient affectionner & fauoriser les François.

Mais la Republique de Venise n'a point receu d'excuses de leurs entreprises, ny attendu comme les imprudens, à creuser ou cauer leurs puits qu'ils mourussent de soif : car apres auoir informé de leurs deportemens, des predications qu'ils faisoient aux villes proches de leur Estat, des calomnies qu'ils semoient contre le Duc Leonardo Donato, duquel l'innocence & la pieté sont aussi cogneuës, que sa prudence, ont faict l'ordonnance du bannissement perpetuel, & irreuocable des Iesuites hors de leur Estat, sans esperance de mettre iamais leur restablissement en deliberation. Et Dieu ayant depuis voulu, que nostre grand Roy fust autheur de la paix au Midy, comme au Septentrion, les seuls Iesuites ont esté exclus du benefice de ceste reconciliation vniuerselle, tant ceste sage Republique a sçeu sauourer la deliurance du danger qu'elle auoit veu, ayant mieux aimé la guerre, que la paix auec les Iesuites.

Ah! pleust à Dieu, que nous n'eussions point esté si credules, que la seuerité eust esté au dedans comme la force au dehors, que pour rafreschir le foye nous n'eussiõs refroidi l'estomac, nous ne serions pas le discours de tous les peuples de la terre, le subiect de leur pitié, & de leur commiseration, la preuue de leurs dires, que les Iesuites viennent à bout de grandes entreprises se saisissans de petits aduantages, & presque nuisibles: nous eussions ignoré leurs autres belles doctrines qu'ils ont preschees & publiees, qu'il estoit plus meritoire de payer la taille, que de faire l'aumosne, qu'on peut blasphesmer sans commettre peché mortel, permis aux Dames de se farder mesmes pour plaire au monde, rendu l'vsure licite, & par ces mesmes regles le larcin seroit tollerable pourueuqu'õ en fist l'aumosne, que ce n'est point simonie que de bailler de l'argent pour les benefices, *Modo id fiat non tanquam pretium, sed tanquam motiuum ad resignandum, vel tanquam motiuum aliquod gratuitum*, les propres termes de Gregorius de Valentia sur la Somme de sainct Thomas Tome 3. dispute 4. question 16. p. 3. f. 2039. nous n'eussions apris la compensation du mal auec le bien, la forme des confessions ambulatoires, toutes cures palliatiues des vices, choses indignes de vrais Religieux.

Nous n'eussions veu en nos iours, choses effroyables, des interrogatoires dressees pour apprendre de celle qu'on disoit estre possedee d'vn esprit malin, la verité de la doctrine, des passages precis de l'escriture, curiositez mauuaises defendues au Deuteronome chapitre dix-huict: mais encore par vn Concile de Narbonne sur peine d'excommunication: & Sozomene au liure 3. chap. 5. rapporte qu'vn Diacre de l'Eglise primitiue fut deposé pour auoir esté porté de telle curiosité: & Gregoire de Tours pour ce subiect blasme vn fils de Gontran, pour auoir enuoyé enquerir vne Pytonisse, ainsi appelle-il vne inspiritee, & sainct Thomas, *non licet Dæmones adiurare per modum deprecationis, quia id ad beneuolentiam pertinet, qua non licet ad Dæmones vti, ne socij Dæmonum fiamus: licet tamen per virtutem diuini numinis eos adiurando eijcere, ne noceant, non autem vt aliquid per eos discamus aut consequamur.*

Et ce qui est capital par toutes les loix, l'enqueste de la santé du Prince & des secrets de son Estat, voicy les termes, *Quid circa sanitatem regis, quid circa compositionem armorum inter regem, & magnates subditos, quid circa vrbes obsidionales, quid circa bellum cum Hispanis, vel cum hæreticis.* Tertulien disoit qu'il n'appartenoit à personne de s'enquerir de la santé du Prince, si ce n'est à ceux qui ont entreprise sur sa personne, ou qui iettent les fondemens de quelque grande esperance sur sa mort: & celuy qui instruisoit vn Mathematicien, luy defendoit expressement de non traicter de la vie des Rois, ou de l'estat des Republiques. *Non enim oportet nec licet vt de statu respub. aliquid nefaria curiositate discamus.* Les Roys ausquels Dieu donne le gouuernement de la terre; ausquels toutes puissances & dignitez sont subiectes, participans immediatement de la grandeur de Dieu, ne dependent du cours des planettes, & ne doiuent tomber en la curiosité des hommes : il est reserué à Dieu seul, de sçauoir combien la vie d'vn grand Roy, la paix ou la prosperité de son Estat doit durer.

Aussi peu eussions nous entendu ceste belle proposition & resolution du Iesuite *Ioannes de Salas Castelanus Gumeliensis* aux commentaires qu'il a faicts, *in primam 2.* de sainct Thomas, dediez au Pere General Aquauiua, *tracta.* 8. *disputat. vnica, sect.* 5. sur la fin, laquelle est plus dangereuse pour ouurir les Monasteres, que la doctrine des heretiques, car faisant vne telle question. *Vtrum semper sequi liceat opinionem, quæ agenti probabilior aut æquè probabilis apparet*, voicy sa resolution. *Religiosus autem efficacissima debet habere motiua, vt probabiliter opinaretur, veram esse reuelationem, qua secum dispensaret Deus vt matrimonium contraheret, contra communem legem : hactenus enim Deus numquam dispensauit: Si tamen veram probabilitatem haberet. posset ad euitanda magna incommoda, vti dispensatione dubia, & tantum probabili, quod etiam in dispen-*

ſationibus quorumque prælatorum obſeruatum eſt. Deſormais les ieuſnes, les oraiſons, les prieres, inutiles pour conſeruer la chaſteté, chacun abuſera de ſa reuelation pour mettre en vſage les plus mauuaiſes paſſiõs de ſon ame.

Et de fait l'exemple n'a pas de loing ſuyui le precepte, Menas Ieſuite commiſt vn ſi ſcandaleux inceſte que ſon procez commencé à l'inquiſition d'Eſpagne ceux de ſa compagnie l'ont par miracle ſouſtraict à la peine, laquelle eſt retombee ſur ceux qui auoient charge de l'office à Vailladolid, deſtituez pour ceſt effect : le ſcandale redoublé és eſcrits de Sanches, & de Chetora de la meſme Societé, dont la ſeule imagination eſt capable de faire perdre à l'homme la cognoiſſance de ſoy meſme, & le reduire plus qu'à la brutalité.

Et ce qui eſt entre les mains d'vn chacun depuis quatre mois, les ſermons ſur la beatification de leur Pere Ignace, par leſquels le nõ d'Ignace eſt non ſeulement eſgallé à celuy du Sauueur & mis en paralelle : mais ſubrogé en ſa place: les miracles faits au nom du Tout-puiſſant pour l'exaltation de ſa gloire, & la confuſion des infideles, qui nous ſont en article de foy, rabaiſſez, diminuez, mis en desfiance, pour esleuer ceux du Pere Ignace ie ne dy pas incertains, mais qu'eux mesmes confessent n'auoir pas esté puisque Ribadenera en sa vie au liure 5. dit en ces termes, *eius sanctitatem minus testatã miraculis*: & comme s'ils estoient en negotiation auec les heretiques, du Vicaire de Dieu, comme parle S. Paul. *fungimur legatione pro Christo*, du Chef ministeriel de l'Eglise, successeur des Apostres, ils en font le successeur de Iesus-Christ, donnãt atteinte à sa saincte resurrection; ou à l'Eternité de son regne en l'Eglise. O docte, ô douce, ô libre antiquité, que tu és belle auec toutes tes rides, tes traicts tous effacez, & presque non cognoissables, ô saincte Escole de Sorbonne que la vertu de vostre mediocrité est parfaicte, inspire à tes successeurs la verité de la Prophetie de ton decret de l'an 1554. verifiee, ce sont ses termes: *hæc Societas periculosa in negotio fidei*: En ce siecle corrompu de passion, & adulation, que ceste verité trouue vne bouche exempte de contagion: ils n'y ont pas manqué: la censure, leur tesmoignage loyal à la verité se verra à iamais nonobstant vos menaces, vos inuectiues pleines d'aigreur, clochettes de Coribantes, qui ne serne seruent qu'à troubler les sens des moins rassis.

Adioustons l'inuention de leurs equiuoques & dissimulations, de leurs homonimies, qui sont tromperies de similitude & d'apparence, au lieu de la chose mesme, changeans les choses sans changer de nom : dont eux confessent se seruir, lors qu'il leur est besoin de respõdre aux Rois, aux Magistrats, & autres personnes ayans charge politique, desquels ils ne croyent estre subiects ny iusticiables : leurs paroles, & leurs responses semblables aux images de Dedalus, qui trompoient les sens, changeans de face & visage aussi souuent qu'on iettoit les yeux dessus. Ceste inuention d'equiuoques reduite en art & recommandée par Nauarrus en faueur de ceste Societé, non seulement pareille à l'artifice practiqué par Arrius, lequel apres auoir souscript le Concile de Nice, iuroit vne autre confession de foy, qu'il auoit signee dans son sein toute differente : mais encores à ceste loy des Manicheens, qui leur permettoit de respondre le contraire de ce qui estoit, & de ce qu'ils sçauoient, remarquee par Lucas Siculus

du temps de l'Empereur Basile, & laquelle il rapporte conceuë en ces termes: *Iura, periura, secretum prodere noli.*

A l'effect dequoy, pour garantir leurs mauuaises doctrines, lors qu'il y a quelque chose à euiter, ou aduantage à prendre, il leur est permis & honnorable d'en vser, voire se dedire hardiment de ce qu'ils auroient le plus asseuré: tesmoin ce qu'ils ont faict de l'escript de Richeome, lequel respondant à vn interrogatoire, qui leur estoit addressé, qui estoit tel, Ce qu'ils voudroient faire, au cas qu'il se trouuast vn Pape, lequel à l'exemple de Iules deuxiesme desployast iniustement ses censures contre la France: il respond pressé, *Que leur Societé feroit ce que firent alors les bons François, qui defendans leurs droicts, ne quiterent iamais le respect deu au sainct Siege, recogneurent le Pape chef de la spiritualité seulement, approuuans le Concile de Tours, de l'an mil cinq cens dix, tenu pour la defence des droicts du Roy Louys* XII. Le Cardinal Belarmin au traicté qu'il a faict contre les Theologiens de Venise, dit, que l'intention de Richeome a esté de monstrer, que les bons François deuoyent obeir au Pape, ſans marchander, & conſeiller au Roy de s'accorder auec luy , & non pas luy reſiſter par armes.

C'eſt pourquoy toutes leurs declarations ſont conceuës en paroles manques, & incertaines, afin qu'il ſoit permis de les deſaduoüer, reuoquer, ou antrement interpreter, quand bon leur ſemblera : & le plus inſupportable, voire le moins Chreſtien, eſt qu'ils fondent ces cauillations & diſſimulations, ſur textes de l'Eſcriture, qu'ils corrompent licentieuſement, comme ſi Dieu Pere de la verité, euſt enſeigné le contraire de la verité. Et comme il arriue ordinairement, que le pire deuient maiſtre du meilleur, l'vſage de leurs diſſimulations & cauillations ſe coule inſenſiblement, le peuple delaiſſant la ſimplicité & l'innocence, pour apprendre leurs defaictes, reçoit la corruption & au general, & au particulier.

Et afin qu'on n'eſtime point, que ce ſoit vn vice particulier de quelques vns d'entr'eux, mais vn precepte pour le general de la Societé, Ribadenera en la vie du Pere Ignace, liure 3. chap. 11. intitulé *De prudentia rerum agendarum*, a eſcrit, *Dicebat quibus artibus diabolus ad perniciem hominum vteretur, iisdem nobis vtendum ad salutem: nam vt ille cuiusque naturam explorans, & animi propensionem pertentans, ad eam se attemperat, vt ambitiosis splendida, vtilia cupidis, voluptuosis iucunda, piis quæ speciem habent pietatis proponit, & non irrumpit subitò, sed sensim irrepit, & in animæ se familiaritatem insinuat, penitúsque tandem immergit: sic spiritualis, ac peritus artifex, vniuscuiusque naturæ conuenienter se debet gerere, & in principio multa dissimulare, in multis conniuere, deinceps parta beneuolentia ipsos quibuscum agit ipsorum armis expugnare.*

Nous auons monstré, comme par la doctrine de la monarchie spirituelle, absoluë, & infallible, qui apprend aux Rois à obeïr, & à laquelle les Iesuites attribuët la correction des Princes, qu'ils obligent de suyure le conseil du Pape en la conduite de leur temporel, & qu'en cas de cõtrauention ils pouuoient estre deposez, & apres le iugement public, permis à toutes personnes d'atẽter à leurs vies, & les tuer. Par ce mot de Iugement public, ils entendẽt le Pape, cõme souuerain de toutes les Republiques, & puissances Chrestiennes. Voicy la preuue par le dire d'Azorius, qu'ils confessent estre l'vn des plus modestes d'entr'eux, en la seconde partie, au liure 11. cha. 5. de son institution morale, apres auoir confirmé le pouuoir qu'a le Pape de deposer les Rois, voulant respondre à l'obiection de ceux qui disent, que cela ne se peut faire malgré le peuple, il adiouste en ces termes. *Tertiò obiicitur, populo inuito non potest Rex auferri aut dari : respondeo à Romano Pontifice Regem auferri, vel dari iustis de causis, & tunc populus Romano Pontifici tanquam superiori parere debet.*

D'où s'ensuit, que si vn Prince entreprend quelque chose en son Estat contre le vouloir du Pape, qu'il contreuient au iugement public, s'il viêt à hurter aucuns articles de la Bulle *In cœna Domini.* sans s'en vouloir desister, qu'il est aussi tost Tyran, vsurpateur & schismatique, & comme tel, peut estre meritoirement tué. Par les articles de ceste Bulle il est porté entre autres choses, que toutes personnes qui ont alliance secrette ou publique auec les Heretiques, traictent auec eux, les supportent & protegent, sont excommuniez, *ipso facto*, bien qu'ils ne soient particulierement designez, nommez & specifiez en la Bulle, laquelle se publie à Rome tous les

Ieudis de la Semaine saincte, & lors les Iesuites enseignent, & est leur doctrine vniforme, qu'on ne doit attendre d'autre procedure, ny d'autre iugement. Suyuant quoy Suares le plus renommé de leur Societé, au 4. tome de ses œuures, traicté des censures qu'il feit expres contre nostre Roy, disp. 5. sect. 6. dit, que les subiects sur vne certitude morale qu'ils auront, que leur Prince fera chose contraire à la Religion Catholique, pourront sans attendre iugement ny autre censure du Pape, se rebeller, & prendre les armes contre luy : les termes sont, *Si subditi timeant ex eorum principatu maximum periculum fidei & religionis imminere : tunc enim iure defensionis possunt eos repellere, & obedientiam ac fidelitatem negare, quod facere possent, etsi non essent excommunicati, nec per Ecclesiam essent illis aliæ pœnæ impositæ, solum ob prædictum periculum.* Molina au traicté *De iustitia & iure.* Lessius au liure 2. *De iustitia & iure.* chap. 9. doubt. 4. le disent aussi, & qu'il est permis d'attenter à la vie de tels Princes, qu'ils appellent Tyrans, sur la volonté & intention tacite, ou presumee de la Republique : *Mens oppressæ Reipub. est, vt à quouis etiam, qui non est pars Reip.*

defendatur, si aliter liberari non poßit. Ce que ceux-cy appellent *Mens Reipub.* le mouuement des parricides, Mariana le nomme, procedant ce semble auec plus de retenuë, le conseil des gens doctes & graues, *Viri eruditi & graues in consilium adhibeantur.* On ne peut pas douter, de quelles personnes il entend parler, cela est euident à son intelligence, comme le Soleil de Midy à nos yeux : car son liure porte le priuilege & l'adueu de leur Prouincial deputé par le General : & voicy pourquoy ils sont necessairement designez, & non autres. C'est qu'ayant en vœu principal l'establissement de la puissance absoluë sur tous les Princes, ils sont conducteurs & executeurs de toutes les entreprises, qui seruẽt à ceste fin : en telle sorte qu'aux lieux où l'Inquisition n'est point receuë, les Iesuites l'exercent, & en ont la charge secrette & leur General la direction : d'où procede que tous leurs aduis, conseils & adresses font part de ce iugement public : tellement qu'au lieu de ministres spirituels, meus d'autre esprit que celuy dont ils font parade, ce sont Officiers seruans contre les Princes, pour la ruine de leur puissance, & subroger celles du Pape au temporel : & puis, qui veut estre instruict de quelque doctrine, ne s'en peust addresser qu'à ceux qui la traictent, & l'entendent le mieux, comme ils ne peuuent desnier que ce ne soit le seul & vnique intellect, qui anime tout l'Vniuers de leur Societé.

Et de fait, eux seuls l'ont touchee en leurs predications: esclairs qui ont precedé, & qui furẽt le presage à nos yeux de la tẽpeste, dont nous auons cuidé estre accablez. Malheureuse doctrine, escriuant & parlãt en public ou en secret, il n'y a trait de langue, qui ne nous ait esté au cœur la poincte d'vn poignard.

Le Roy par ses guerres, labeurs, & victoires auoit restably auec la France toute la Chrestienté, obligé tous les Princes, & peuples, les deux tiers du monde auoient le Lis au cœur, & s'estimoient interessez en sa prosperité, la France florissante ne s'estoit iamais veuë en tel estat de secourir ses amis, son Prince d'immortelle valeur, d'vne complexion admirablemẽt robuste, duquel la felicité eblouïssoit les yeux de tous ses ennemis. Quand les Princes d'Allemagne, tres-cõioincts à ceste couronne reclamerent son secours, & sa protection contre l'oppression de la maison

maiſon d'Auſtriche, à laquelle les Ieſuites ſe ſont deuoüez : noſtre Roy n'auoit oublié ſemonce quelconque, pour demouuoir la guerre, & faire que ce different fuſt traicté par toute autre voye : ſçachant mieux que nul autre, que la ſeule neceſſité peut iuſtifier les armes des Chreſtiens contre les Chreſtiens: n'ayant point eſté creu, il preparoit à la liberté d'Alemagne le ſecours, que ſa conſcience, ſon honneur, & ſon deuoir n'auoient peu denier.

Mais auparauant que partir, voulant donner à la France, & à tout le monde, le contentement du couronnement de la Roine, Princeſſe à laquelle toutes les vertus ſeruiront à iamais de couronne : au poinct de noſtre meilleur eſtat, de noſtre plus grand aiſe, *Extrema gaudij luctus occupat*, la ioye, & la triſteſſe s'entretiennent par la main : le Roy marchant au milieu de ſa ville treſ-affectionnee, entre ſes ſeruiteurs tres-fidelles, pompeux de maieſté, ſe trouue frappé dans le coſté d'vn couſteau de la meſme trempe, que ceux de Clement, de Barriere, & de Chaſtel, ſon cœur auſſi toſt en pamoiſon, s'eſtouffe dans le ſang. Quoy ! s'eſt-il trouué des ames si denaturees, si diaboliques, que de conspirer, que d'attenter contre vn Prince si vtile, si amiable à ses subiects, si equitable à ses voisins, si necessaire à toute la Chrestiēté? On n'eut pas loisir de le remener au Louure, que ses yeux parurēt morts au front, ses leures retraictes dans la chair, son sang figé comme glace dans sa barbe: y pouuons nous penser vn quart d'heure sans nous arracher le cœur? celuy qui remplissoit tout de son pouuoir, ceste ame du monde, chef d'œuure & merueille de nature, l'exemple des Rois, sans pareil, ceste forte main guerriere, tombe, & nous est ostee sans autre guerre, que de ceste doctrine, par la main du monstre le plus hideux, le plus cruel, le plus effroyable qui ait iamais esté sur la terre, d'vne furie plus que infernalle.

Qu'on lise les confessions de Barriere, & de Chastel, qu'elles soient confrontees aux responces de cest execrable parricide, nulle dissemblance: les marques de ceste doctrine y sont toutes visibles, *que le Roy estoit vn tyran, qu'il fauorisoit les heretiques contre la volonté du Pape, qui estoit Dieu en terre, que les Predicateurs auoient assez expli-*

que la cause qui l'auoit meu. Stupide, hebeté, il est vray, & pourquoy sera-il dissimulé? en toutes autres choses, auoit des arguties, & des eschapatoires sur ce subiect, vous l'auez entendu, Maistre Iean Fillesac tres-digne Curé de S. Iean, Maistre Philippes de Gamache professeur du Roy en Theologie vn autre Israëlite, Coeffeteau cy deuant Prieur des Iacobins, tous Theologiens de grand merite & sans reproche, le peuuent tesmoigner, & celuy mesmes d'entr'eux qui l'auoit cõfessé, aussi bien que l'autre qui l'aduertit de sa conscience & se garder d'accuser les Innocens.

Ha! mille fois plus seurement, vous Empereurs & Roys ennemis des Chrestiens, qui parmy les plus grandes persecutions faictes à l'Eglise, au milieu des plus grands & frequens martyres soufferts de vostre authorité, & de vostre commandement, n'auez veu arme ny defence, que de priere, d'oraison, de louäge, de benediction, que de larmes ainsi que tesmoigne Gregoire de Nazianze, sans que aucuns de ceux qui adoroient veritablement le Iesus-Christ, voire au fort des tormens ayent pensé d'effect ou de parole ie ne dis pas d'atenter sur vos personnes, mais d'estre cause du moindre trouble ou du moindre remuement de vostre Estat. Euangile de paix, doctrine de douceur & de charité, à quel vsage estes vous employée, quel aduantage aux infidelles & mescreans pour continuer leur haine cõtre l'Eglise au lieu de l'aimer, que de charbons de vengeance diuine assemblez sur vos testes?

France combien dissemblable aux annees immediatement precedẽtes la censure de vostre innocente eschole, que vostre Roy Henry II. pour vn mesme subiet, & pour deliurer l'Allemagne de l'vsurpatiõ que l'Empereur Charles le Quint vouloit faire sous pretexte de religion, mena soixante mil Francois tous Catholiques iusques au Rhin, & si auant qu'il luy fit quiter prise : apprendrons nous de l'histoire qu'en ceste saison il se soit trouué vn Theologien, ou vn subiect, qui se soit creu moins obligé à son Prince ou qui l'ait moins affectiõné? Et toutesfois six ans auparauant nos mesmes docteurs de la Sorbonne auoient dressé les articles pour la condemnation de l'erreur des Lutheriens inserez au corps de nos ordonnances, & sur lesquels le Concile de Trente a prins le fondement principal de ses resolutions pour la doctrine : mais l'eschole des Iesuites n'auoit point encor publié ny enseigné qu'on peust deposer & tuer des Rois sur quelque intention tacite ou presumee. Celuy que Dieu auoit si visiblement exalté, qui effaçoit la memoire des plus heureux Monarques, la personne la plus precieuse de la Chrestienté, auquel le sainct siege deuoit sa tranquilité, le Sainct Pere son repos: celuy qui auoit renoncé à la seureté des siens, pour obliger vos courages, faict triompher la clemence de la Iustice en vostre faueur, reçoit vne bien mauuaise recompense de sa bonté, par vostre doctrine : vn docteur de l'Eglise disoit qu'il estoit bien au pouuoir de Dieu pardonner à vne Vierge corrompue, mais non pas de luy redonner sa virginité : il en est ainsi de vos fidelitez enuers les Princes apres les vœus faicts à vostre General.

Les inspirations & visions dont les entrepreneurs se disent remplis, ne sont ce point les adresses & les artifices de ceste doctrine, pour corrompte & peruertir les esprits, transformer les dispositions de l'entendement & de la volonté, afin que plus facilement la fantasie & l'apprehension qu'ils ont prise demeure tellement imprimee en leur imagination, qu'ils n'en puissent iamais auoir d'autre? la lettre de Guillaume Criton Iesuite, employee par Richeome en sa plainte apologetique pour voiler la doctrine de ceste societé, par laquelle ils soustiennent qu'il estoit permis aux particuliers de tuer ceux qu'ils appellent Tyrans, dit, que cela n'est pas permis si les particuliers n'ont reuelation, ou vision qui le leur persuade: qui sera tesmoin de la vision ou reuelation que luy-mesme? & par ainsi il pourra prendre & la permission de tuer, & la iustification du meurtre de luy mesme.

L'histoire des assassins rapporte, qu'ils estoient ainsi corrompus, & Gregoire de Tours sur la fin de son quatriesme liure, parlant de ceux qui tuerent le Roy Sigisbert, dit qu'ils auoient esté disposez, & enchantez, *maleficiati*. & sainct Augustin en l'epistre 165. qu'il escrit à Generosus, dit, que les Donatistes heretiques tres-dangereux induisoient leurs sectateurs à beaucoup de maux par des visions, & continuant en l'epistre 168. rapporte l'exemple d'vn ieune homme, lequel par le conseil d'vne semblable vision auoit tué sa mere. L'esprit de l'homme est comme vn miroir, qui presente souuent ce qu'on luy monstre, specialement quand on s'addresse à la partie plus sensible qui est la conscience, adioustons qu'outre ces fantaisies & inspirations, pour transporter la foiblesse de ces esprits par dessus toute discretion, & faire que ces mauuaises opinions leur soient plus que la raison, ils donnent à ces conspirateurs des couronnes de martyre: qu'ainsi ne soit Bellarmin a loüé Iacques Clement en cette qualité, l'autheur de l'amphitheatre d'honneur en a faict de mesmes. Mariana l'appelle *Galliæ decus æternum*. ils font le semblable de Guignard & Garnet, leur attribuent faulsement des miracles.

Souuenez vous s'il vous plaist Messieurs de ce qui a passé deuant vos yeux, & dont il semble que la memoire soit enseuelie: vn nommé Charles Ridicoue Religieux Iacobin à Gand excité par les predications des Iesuites qui loüoient ordinairement Iaques Clement comme vn saint, & Chastel côme vn martyr, il lui eschappa de tesmoigner qu'il auoit esté chatouillé de quelque semblable desir, aussi tost son Prouincial eut commandement de le mener à Bruxelles, on luy promit des merueilles, soit pour la descharge de sa conscience, car encores il auoit remords d'atenter à vn Roy tres-Catholique, qui estoit en bonne intelligence auec le Pape, soit pour la promesse de recompense de luy, sa mere & son frere, fut visité par le Pere Hodume Iesuite qui donna aduis s'il estoit de stature, de force, & de resolution suffisante pour vne telle execution, en fin confirmé il eut instruction & permission de changer de nom, se trauestir, apprendre à piquer cheuaux, danser, escrimer, pour auoir plus d'adresse & meilleure entree, ce sont ses confessions faites en ce Parlement, venu trois fois en France en ceste intention. Il ne peut vous rendre raison du mespris qu'il auoit fait de la grace qu'on luy auoit premierement accordee, du soupçon qu'on auoit pris de son second voyage & de sa perseuerance en son meschant dessein, sinon que les Iesuites s'apperceuans ou desfians qu'il eust reuelé le secret de son entreprise ils ne luy eussent iamais pardonné, comme eux

eux ne reuelent iamais les confeſſions de telles gens, pour quelque entrepriſe & quelque mal que ce ſoit. Au meſme temps de la derniere priſe & execution de ce Ridicoue ordõnee par voſtre arreſt du mois d'Auril mil cinq cens quatre-vingts & dix-neuf, fut publié & imprimé le liure de Mariana pour monſtrer comme les effects de leur doctrine ſont conſtans ils en preparent & aſſeurent conioinctement les effects, & neantmoins l'vn d'entr'eux en ſon apologie a eſcrit qu'il euſt eſté à deſirer que le dernier parricide l'euſt bien leu, parce qu'il eſt conforme à la doctrine de la Sorbonne, laquelle a condamné le liure de Mariana, & le tient abominable, comme auſſi l'impoſture de l'apologie, tant ils ſont hardis à tromper par le faux, la choſe vraye.

Grand Roy non imitable duquel nous auons eſgallement admiré la prudence des conſeils, la diligence des executions, la plus qu'humaine bonté de iugement, receuez pour teſmoignage de noſtre affection, pour gage certain de noſtre fidele ſeruice nos pleurs, nos larmes, nos regrets, nos ſouſpirs, noſtre dueil perpetuel que nous appendons à vostre gloire. Bien heureux esprit, fait citoyen des cieux, assis au rang des Anges, en repos eternel, loin du soin des guerres, vos qualitez royalles, vos perfections seront à iamais escrites en nos cœurs, vostre nom en nostre bouche, & bien que nos cris soient imparfaits, que nostre voix entrecoupee ne puisse passer, que la douleur nous desrobe l'esprit, qu'il ne nous reste force que pour sentir nostre mal, nous mourrons plustost que de corrompre la sainte loy de vostre Estat, & viuans sous son Soleil, nous en aimerons pour tousiours la lumiere.

Auec ces mesmes larmes nostre voix à demy morte nous supplions tres-humblement le sainct Pere, d'entrer en compassion de la Chrestienté, deschiree par ceste doctrine, se souuenir du danger qu'il y a de quicter l'honneur & la gloire du vray spirituel, pour le gouuernement du temporel, ce sont choses que Dieu a voulu estre totallement distinctes & separees, se souuenir du salutaire aduertissement de sainct Bernard au subiect de ceste puissance absoluë qu'on commençoit à vouloir introduire en l'Eglise au liure 2. *de consider.* chap. 6. I *ergo tu & tibi vsurpare aude, aut dominans apostolatum aut apostolicus dominatum, plane ab alterutro prohiberis, si vtrumque simul habere voles, perdes vtrumque* : Dieu a pourueu à la conseruation & augmentation de son Eglise par d'autres remedes, suscité des Euesques, Docteurs, & Pasteurs, de temps en temps : encores vne fois penser combien sur le declin du monde cest excez est pernicieux. On a veu deux de nos Rois tres-Catholiques, capables d'opposer leurs armes à celles du Turc, de preseruer l'Eglise & le reste du monde de l'inuasion des Barbares & infideles, mourir auant leurs iours par ceste doctrine, ce grand Estat le premier de la Chrestienté en danger de ruine, qu'il garantisse l'Eglise & nous aussi de ces furieux Empiriques qui hazardent leurs violans remedes indifferemment sur toutes sortes de personnes sans auoir esgard à leur portee, repurge pour iamais le monde d'exemples si tragiques: la France est nourrie à vne deuotion singuliere enuers vostre Sainctеté, enuers le sainct siege, elle n'y peut iamais manquer, la profession de nostre Eschole entiere & inuiolee à la foy Catholique & à l'obedience tousiours rendue au sainct Siege : &

comme son Pontificat n'est pas esloigné de celuy du Pape Clement huictiéme, succedant & representãt sa douceur & sa prudence, qu'il luy plaise ietter l'œil sur ceste Société, laquelle sous pretexte du bien de l'Eglise, poincte à sa grandeur particuliere à laquelle elle veut en fin reunir celle de l'Eglise, & n'en sont pas bien esloignez.

Ce sont les moyens d'opposition que l'Vniuersité propose contre les lettres obtenues par les Iesuites, fondez sur l'authorité souueraine grauee de toute ancienneté dans l'airain des loix fondamentales de la Monarchie Françoise, sur sa police particuliere, sur vos arrests, sur sa saincte doctrine constante laquelle affermist la couronne sur la teste des Roys, contraire à celle des Iesuites, qui attribuent au Pape sur nos Roys vne superiorité pareille que sur les moindres Prestres ou sur ses simples Officiers, & Vicaires, voire beaucoup plus grande, les fait Rois precaires, subiects à estre chassez & tuez: fondez encor sur tant d'exemples de mal-heur à nous particulierement si cuisans, qu'il n'y a personne aymant l'Estat & la Religion, à qui il n'en soit demeuré apprehension & ressentiment. L'institution de la ieunesse n'est pas chose de petite importance, les anciens en mettoient le soing immediatement apres celuy de la Religion; les enfans doiuent la vie aux peres, mais leur bien viure à ceux qui les instruisent, & celuy ne profite pas moins à la Republique, qui forme des personnes affectionneesàl'Estat, qui les nourrist sous l'esperance des honneurs, des dignitez, auec la reuerence des loix du pays, que celuy qui administre en deuoir & fidelité: l'Vniuersité de Paris s'en est acquictee loyaument & dignement depuis huict cens ans, ne s'est iamais obligee à chose quelconque, qu'à l'honneur de Dieu, de son Roy, & au bien de l'Eglise. La mauuaise doctrine est aisee à persuader & le faux conforme aux tenebres qui nous enuironnent en nostre corruption: il est de l'or & des perles beaucoup disoit le Sage, mais c'est vn meuble fort rare, que les leures de science. Qui seroit le pere qui n'aymast mieux auoir perdu la vie, l'honneur, les biens, & dauantage s'il y auoit quelque chose de plus en ce monde, que de nourrir encore vn monstre à son pays? N'a ton pas entendu depuis trois sepmaines, la conference tenuë à Toul en

Lorraine, entre perſonnes empoiſonnees de ceſte doctrine, decelez par vn hermite, en laquelle apres quelques teſmoignages de mauuaiſes volontez contre des Princes Catholiques, il fut entre eux aſſeuré que les Ieſuites auoient tellement eſclaircy ces maximes qu'elles deuoient paſſer en force de choſe iugee, au lieu qu'elles doiuent eſtre condamnees & chaſtiees non ſeulement en leurs effects, mais auſſi en leurs plus profondes penſees.

Ils offrent ſe ſubmettre aux Loix de l'Vniuerſité, & demandent d'eſtre incorporez: dés l'an cinq cens ſoixante quatre ils l'auoient ainſi faict, ils ſont à commencer, ils auoient promis de renoncer à leurs vœus, facultez, priuileges, à eux meſmes, nous nous ſommes veuz perdus en cette attente: & eſtre l'exemple de leur pouuoir & de leurs attentats: en l'an 1593. de ne ſe meſler plus des affaires d'Eſtat, c'eſt lors qu'ils y ont le plus trauaillé, embraſſé le monde plus eſtroictement: ils ſçauent bien faire gloire de cette ſcience puis qu'ils font eſcrire en François, que leurs freres lays en feront leçon aux Châceliers & grands d'Eſpagne, Dieu ſçait ſi en Espagne(s'il est vray que les sermons y ayent esté prononcez) ils ont oublié la comparaison de nos plus grands Magistrats : il n'y a condition en leur restablissement à laquelle ils n'aient desia contreuenu par breuets & lettres obtenues par surprise:ce seroit vne estrange imprudence,voire grand crime à nous d'estre tousiours des premiers surpris & des plus tard à nous deffaire , d'estre si souuent abusez de ceux qui portent deux cœurs en vne poictrine, qui pour faire receuoir leur doctrine sont si hardis que d'imposer aux Apostres mesmes,leur imputer le vice lasche de tromperie & dissimulation dont ils se seruent, car Bellarmin au traicté de l'exemption des Ecclesiasticques chap. 30. dict que sainct Pierre & les Apostres ont presché l'obeissance au Magistrat politicque , & que toute ame subiecte au Prince pour s'establir & donner cours à l'Euangile : ils promettront & iureront toutes conditions puis que rien ne les peut obliger par leurs propres constitutions,pour faire souffrir celles qu'ils veulent imposer par le moyen de l'authorité absoluë du Pape,sans laquelle leur societé ne peut pas subsister.

La France apres sa mort, a eu son esperance en la Royne, c'est elle qui luy dõne vie, & nourriture: Princesse que l'estrãger admire, & le subiet honore, vous auez trouué tous les Princes remplis de grandes vertus, estrains d'vn mesme lien d'affection au bien & à la grandeur de cet Estat. Ceste auguste Cour des Pairs, le cadran de la France, qui a tousiours monstré sa ligne Meridionalle, les Officiers de la Couronne, portez à leur deuoir, suiure le grand chemin d'honneur, la Noblesse, les villes, les peuples, prests de se sacrifier pour vos commandements : continuez par vostre bonté, & iustice à faire voir que ce sont les conseils du feu Roy vostre mary qui gouuernent sa Monarchie, à nous faire adorer cette peinture viue en sa mort, que les loix de l'Estat du Roy vostre fils demeurent par vostre prudence tousiours tellement reglees, que chacun y trouue son bien, sa vie, son honneur, sa conscience en asseurance & repos, ainsi puissent tousiours le Conseil & la prudence des deux grans yeux de cet Estat, veiller autour des affaires : perseuerez en la creance que la diuision, que la guerre ciuile est la seule desolation de ce grand Empire:

Empire : il n'y a que ces Spagiriques lesquels ont trouué les dissoluans de toutes pietez, des affections les plus naturelles, & les plus fortes qui le puissent troubler : ils en viennent aisement à bout auec leurs graines & rosees de predications, confessions & instruction de leur doctrine, par le moyen de laquelle ils le tournent contre nature, changeans & alterans nostre essence, enseignant le mal que bien souuent on fait apres malgré soy : ils disent que nostre terrin est moul, qu'en vn an ils ont recogneu toutes nos humeurs, qu'ils ont desia l'imprudence des femmes & des enfans toute acquise, nos hommes moins speculatifs, se transporter aisément, estre prompts & faciles à esmouuoir, qu'il leur faut peu pour le commencement, apres que leurs affaires roulent d'elles mesmes, & vont à tire d'aisle aux plus grands excez. Homere dit que le fer vne fois desgainé, tire les hommes par quelque vertu secrette à des desseins non pensez, & rarement se laisse conduire par les discours de la prudence : c'est vne crise sur laquelle toute la Chrestienté a les yeux ouuerts. Faut-il vne meilleure preuue ou confirmation de ce que nous auons dict que le traicté nouuellement composé, & publié par le Cardinal Belarmin, incontinent apres l'absence de nostre Soleil, par lequel leuant le masque, il n'vse plus du terme de correction, ce n'est plus pour heresie ou pour crime qu'il soustient que le Pape peut excommunier & deposer les Roys, mais pour tel subiect qu'il luy plaira s'il void que le bien de l'Eglise le desire, *de principe facere non prinicpem*, ce pouuoir non seulement aux Royaumes, mais en tout ce qui appartient au Chresliens, heretiques, schismatiques & scandaleux, qui n'aquiesceront à ces propositions, lesquelles accordees, leurs conclusions sont ineuitables. N'escriuent-ils pas qu'il y a vne nouuelle Secte de Catholiques Royaux, comme si aimer le Roy & estre Catholique estoient choses contraires & incompatibles, luy particulierement se repent, de ce que par modestie il a autrefois adnoüé que les Ecclesiastiques comme subiects, deussent obeissance aux Princes: maintenant il asseure *Clericos principibus Ethnicis solo facto, nullo iure fuisse subditos*; Bref c'est la destruction ouuerte de l'authorité des Rois, de leurs puissances, subuersion de tous les Estats de la Chrestienté, le chifre de la correſpondance qu'ils veulent tenir auec tout ce qui ſe trouuera de corrompu ou de corruptible.

En l'eſtat où nous ſommes les Ieſuites ne peuuent auoir vn plus grand obſtacle, que l'obligation d'obſeruer eſtroictemẽt les conditions de leur reſtabliſſement, & les y reduire, les tenir ſubiects aux Magiſtrats, aux puiſſances ordinaires, comme les autres Religieux, ſans ſouffrir leurs entrepriſes, conſeruer les Eueſques, Prelats & Curez en leurs dignitez, auſquels ils en veulent comme à tous les Eccleſiaſtiques : ne leur permettre aucune inſtruction de la ieuneſſe, afin que l'inſtitution & la literature ne cede à leur monopole, & deſormais le fortifie en telle ſorte que pour deuenir Ieſuite on delaiſſe d'eſtre François : & ſur tout ne leur point abandonner l'authorité de noſtre doctrine, fondement de l'amour & fidelité à la Royauté, pour prendre les enſeignemens de leur nouuelle Theologie, dreſſee & compoſee pour l'intereſt de leur grãdeur, & authorité particuliere, auec laquelle ils veulent adiouſter à noſtre creance ce treziesme article de foy, que toutes Couronnes dependent & releuent du Pape, auquel il est loisible de deposer les Rois à tous les François, que nostre Roy trouuast sa Couronne moindre qu'elle ne luy a esté laissee, & receust ce preiudice durant son ieune aage.

Nostre Roy lequel croissant & prosperant apprendra les hauts faits de son pere, ses vertus, les honneurs des Roys, dont la gloire doit cõmencer & finir en la loüange de son nom: heritera de ses proüesses, & venu ieune au mestier actif de Royauté, instruict par les sages conseils de sa mere, sera craint pour sa prudence, comme Salomon, seruira au monde & à la France d'vn nouueau miracle. Dieu pour nos pechez n'ayant permis que nostre grãd Roy duquel nous n'estions pas dignes continuast ses ans reluisans en toutes vertus, & n'acheuast doucement le reste du cours de sa vie, nous ferons vœu de cœur & d'affection qu'il plaise à la diuine bonté, confirmer à son merite, au grand besoin des François, l'asseurance de ceste rare felicité de la perpetuité de sa maison Royalle, pour la conseruation, grandeur & authorité de laquelle, l'Vniuersité de Paris du temple des Muses où maintenant ce grand Hercule fait son seiour, vous aduertist pour la troisiesme fois de la tempeste dont les Iesuites menacent le calme de la France : s'il arriue que Dieu ne vueille que nos presages, que nos aduertissemens soient encores mesprisez, nous aurons ce contentement & tesmoignage à la posterité, qu'auec la verité de la saincte doctrine en laquelle nous auons continué, nous n'aurons manqué de deuoir ny d'affection au Roy ny à nostre patrie.

L'Vniuersité conclud, à ce que les Iesuites demandeurs soient deboutez de l'effect & enterinement de leurs lettres, & subordinément en sa requeste à ce que deffences leurs soient faictes de lire, enseigner ny faire aucune function scholastique en l'Vniuersité.

www.ingramcontent.com/pod-product-compliance
Ingram Content Group UK Ltd.
Pitfield, Milton Keynes, MK11 3LW, UK
UKHW021058270726
13994UKWH00009B/562

9 782329 337357